Wanderwege zum Wein

Wanderwege zum Wein

Ein Erlebnisführer aus dem FLoH-Verlag

DAS VORLIEGENDE BUCH ist in Kooperation mit pepper, dem Veranstaltungsmagazin der Rhein Main Presse, entstanden. Einige der beschriebenen Wanderungen sind dort in einer losen Folge unter dem Signet „Katzensprung" bereits veröffentlicht oder noch zur Veröffentlichung vorgesehen.

SÄMTLICHE ANGABEN in diesem Buch sind sorgfältig recherchiert. Sie erheben keinen Anspruch auf Vollständigkeit zum Zeitpunkt der Veröffentlichung. Trotz größtmöglicher Sorgfalt übernehmen weder Autor noch Verlag Verantwortung und Haftung für eventuelle Fehler.

Umschlag: Thomas Heid
Gestaltung/Kartenskizzen/Lithos: Florian Muskat, Aarbergen
Druck: Druckerei Münster, Oestrich-Winkel
Fotos: Eugen Duell 103, 167, 169, 170, 172; Magistrat der Stadt Groß Umstadt 186, 187 (2x), 188 (2x); pepper-Bild 21, 90, 94; Regionalpark RheinMain GmbH 81, 82, 105; Rheingau Taunus Kultur und Tourismus GmbH 110, 111 (oben), 113; Rhein Nahe Touristik 155, 163, 164, 166; Stadt Flörsheim 104, 106; Stadt Hochheim 93 (2x); Stadtinformation Ingelheim 53; Tourist-Info Rüdesheim 95, 114, 115 (2x), 116 (3x); Karlheinz Walter 11, 13, 109, 111 (unten), 112, 117 (oben), 117 (u.l.); Weinbauverband Hessische Bergstraße 179, 181; alle übrigen Wolfgang Blum.

Ein herzlicher Dank geht an alle Verbände, Vereine, öffentliche Ämter und Tourismus-Organisation für ihre Unterstützung bei der Recherche und die Bereitstellung von Fotos.

FLoH-Verlag, Bachweg 26, 65366 Geisenheim,
Telefon: 0 67 22 / 75 05 08, Fax: 0 67 22 / 75 05 09,
E-Mail: blum.geisenheim@t-online.de

Zweite aktualisierte Auflage Mai 2007

ISBN: 3-923334-15-X

Wolfgang Blum

Wanderwege zum Wein

Rheinhessen · Rheingau · Nahe
Mittelrhein · Hessische Bergstraße

Lehrpfade, Rundwege
und mehrtägige Touren

Mit Gesamtbeschreibung von
Rheingauer Riesling-Pfad (Wicker bis Kaub)
Mittelrhein-Weinwanderweg (Trechtingshausen bis St. Goar)

FLoH-Verlag Geisenheim

Viele Wege führen durch die Wingerte

Die Übersicht zeigt die regionale Verteilung der Weinlehrpfade und -wanderwege in den beschriebenen Anbaugebieten. Nicht dargestellt (weil außerhalb des Kartenausschnittes gelegen) sind die beiden Lehrpfade bei Monzingen an der Nahe, der Bergsträßer Weinlagen-Wanderweg von Zwingenberg nach Heppenheim, der Lehrpfad in Groß-Umstadt bei Darmstadt sowie die beiden Mehr-Tages-Touren „Rheingauer Riesling-Pfad" und „Mittelrhein-Weinwanderweg".

Die Top Ten

STEFAN, SCHAMBES UND WEITERE SCHNUDEDUNKER
- Lehrpfad Bingen-Büdesheim mit Versen von Stefan George

MUNTERES MEMORYSPIEL MIT DEM SANDHAS
- Kurzweilige Weinmeile in der Rotweinstadt Ingelheim

AUF DEN SPUREN DES SPÄTLESEREITERS
- Am Geburtsort der Spätlese rund um den Johannisberg

WIESBADENER WEIN AM GOETHESTEIN
- Lehrpfad in Wiesbaden-Frauenstein mit Öko-Schwerpunkt

GUTER WEIN VON GOTTES GNADEN
- Rundgang in ehemaliger Zisterzienserabtei Kloster Eberbach

HERRLICHE AUSSICHTEN IM IDYLLISCHEN NAHETAL
- Steillagen-Wingerte am Weinlehrpfad Niederhausen

NORDWAND-STIMMUNG ÜBER DER NAHE
- Rotenfels bei Bad Münster am Stein mit tollem Tiefblick

MYTHOS EINER BLONDGELOCKTEN SCHÖNHEIT
- Lehrpfad in den felsigen Steilhängen der Loreley

RITTER, REBEN UND ROMANTIK
- Mittelrhein-Weinwanderweg Trechtingshausen bis St. Goar

FLICKENTEPPICH IM FRÜHLINGSGARTEN DEUTSCHLANDS
- Malerische Wingertshäuschen am Bergsträßer Weinlagenweg

Inhalt

Rheinhessen

Rheingau

Nahe

Mittelrhein

Hessische
Bergstraße

INHALT

Wanderwege zum Wein

Wein und Wandern - zwei Worte, die nicht nur wegen ihres Gleichklangs so leicht über die Zunge gehen. „Wer geht, sieht mehr, als wer fährt" notierte einst Johann Gottfried Seume in seinem Tagebuch. Mit diesem Satz ist der berühmte Spaziergänger nach Syrakus seit mehr als 200 Jahren aktuell. Vieles ginge besser, wenn man mehr ginge.

Wenn zum Wandern und Wein noch Wasser und Wald dazukommen, ist Erleben pur garantiert. Das wusste auch Karl Baedeker, Urahn aller Reiseführer-Autoren, der den Rhein-Reisenden schon in seinem ersten Buch empfahl: „Die genussreichste Art, die Strecke von Mainz bis Bonn zu bereisen, ist unstreitig die Fußwanderung." Ähnlich euphorisch äußerten sich zu Beginn des 19. Jahrhunderts die Rheinromantiker Achim von Arnim und Clemens Brentano, Caroline von Günderode und Victor Hugo, von Goethe ganz zu schweigen.

Die Liste des literarischen Lobes ist lang, und sie lässt sich bis heute fortschreiben. Wer je an einem sonnigen Herbsttag durch Weinberge spazierte, genüsslich einige Trauben probierte und sich anschließend in einer Gutsschänke oder Straußwirtschaft reinen Wein vom Winzer einschenken ließ, findet Baedeker, Seume und all die anderen Genießer bestätigt: Einer der Wege zum Wein führt in die Wingerte.

Von jeder Stelle bietet sich ein anderer Blick, hinter jeder Biegung wartet ein neuer Eindruck. Die Augen können sich kaum satt sehen an den wechselnden Impressionen, die Nase nimmt den frischen Duft der Weinberge auf, das Ohr das leise Rascheln in der Laubwand. Die Zunge schwärmt vom Bukett eines spritzigen Silvaners, eines vollmundigen Rieslings oder eines gehaltvollen Spätburgunders. Alle Sinne treten zusammen und fügen sich am Ende einer Weinbergswanderung zu einem harmonischen Ganzen.

Das vorliegende Büchlein vereint in sich einige ausgewählte Touren in Rheinhessen, dem Rheingau, an der Nahe, am Mittelrhein und an der Hessischen Bergstraße. Kurze Spaziergänge sind dabei, ausgedehnte Wanderungen und sogar Mehrtages-Touren. Eine Besonderheit bei den Beschreibungen bilden die zahlreichen Wein-Lehrpfade, auf denen man sein Wissen über Wein unterwegs auf unterhaltsame Weise mehren kann.

Mit dem Weinpilger auf dem Bechtheimer Weinlehrpfad

Das Buch lässt allzu enge Länder- und Gebietsgrenzen bewusst außer Acht. Wenn man die beschriebene Region schon in einem Wort vereinen möchte, wäre „westliches Rhein-Main-Gebiet" am treffendsten. Doch wie schrecklich sachlich klingt diese Bezeichnung angesichts der stillen Täler und der lauschigen Aussichtsplätze unterwegs sowie der idyllischen Winzerhöfe und gemütlichen Gutsschänken in den liebevoll herausgeputzten Weinbaustädten und -dörfern.

Das Wanderbuch wurde komponiert wie eine gute Weinkarte: Für jeden Geschmack ist etwas dabei. Sie brauchen nur noch auszuwählen. Und lernen dabei einige der schönsten Gegenden Deutschlands kennen.

Wer auswählt, muss auch weglassen können. Wenn man abseits der in diesem Buch beschriebenen Wege einen kennt, der einem noch besser gefällt als die hier vorgestellten – dann behält man ihn am Besten als Geheimtipp für sich und verrät ihn bestensfalls seinen engsten (Wein)-Freunden.

Bleibt jetzt nur noch, allen Nutzern des Buches allzeit gutes Wetter zu wünschen und ein herzliches „Prosit!" – „Möge es nutzen".

WEIN UND WANDERN

Welche Rebe reift denn da?

Die Rebsorte beeinflusst Geschmack und Qualität eines Weines maßgeblich. Sie steht auf den in diesem Führer beschriebenen Wein-Lehrpfaden und Wanderwegen meist im Mittelpunkt. Die Rebsortenschilder findet man in den Weinbergen exakt dort, wo die Sorten gepflanzt sind. Man kann also in natura sehen, worin sich die jeweiligen Reben unterscheiden. Die Informationen auf den zugehörigen Schildern entlang der beschriebenen Weinlehrpfade haben unterschiedliche Qualität. Manchmal sind die Sorten nur genannt, manchmal werden sie historisch erklärt und nach Aussehen, Anforderung an Lage und Klima sowie Geschmackstyp der Weine exakt beschrieben.

Alle Sorten sind Spielarten der Gattung „vitis" mit Eigenschaften, die entweder durch natürliche Mutation oder züchterische Selektion entstanden sind. Es gibt weiße und rote, früh und spät reifende, klein- und großbeerige Rebsorten, traditionelle und neu gezüchtete. Auf dem Etikett kann die Rebsorte angegeben werden; vorgeschrieben ist dies aber nicht, ein Verschnitt (Vermischen von Trauben unterschiedlicher Sorten) ist zulässig. Manche Rebsorten eignen sich eher für die Erzeugung von „einfachen" Tischweinen, einige decken das Spektrum bis zur Trockenbeerenauslese ab, andere sind prädestiniert für edelsüße Prädikatsweine. Es kommt auf das Geschick und den Ehrgeiz des Winzers an, was er aus der Traube „herausholt".

Von den weltweit bekannten 10.000 Rebsorten sind nur etwa 1000 für den Anbau geeignet. In Deutschland ist das Rebsortensortiment je nach Anbaugebiet definiert, knapp 100 Sorten sind weingesetzlich zugelassen. Der Rebsortenspiegel zeigt, wie groß der Anteil der Sorten an der Rebfläche ist. Es gibt Anbaugebiete mit eindeutigen Leitsorten (zum Beispiel der Riesling im Rheingau und am Mittelrhein) sowie andere, in denen die Sorten breiter gefächert sind (zum Beispiel in Rheinhessen).

In den fünf Anbaugebieten, die in diesem Buch beschrieben werden, spielen nur wenige Rebsorten eine wichtige Rolle. Allen voran der Riesling, der als „König der Weißweine" gilt. Bei den Rotweinen gebührt dieses Attribut dem Spätburgunder. In Rheinhessen feiert der Silvaner eine Renaissance, bei den Roten gilt der Dornfelder als „Shooting-Star". Zuwächse verzeichnen seit einigen Jahren auch Grau- (weiß) und Frühburgunder (rot).

Riesling

Riesling

Der Riesling ist eine der wertvollsten Weißweinsorten der Welt für alle Qualitätsstufen. Die Rebe ist wahrscheinlich aus der mitteleuropäischen Wildrebe „vitis silvestris" hervorgegangen. Riesling wird erstmals 1435 in einer Kellereirechnung in Rüsselsheim genannt.

Deutschland besitzt mit 24.000 Hektar (ein Viertel der Rebfläche) die größte Riesling-Anbaufläche der Welt. Die spät reifende Sorte hat kleine, in guten Jahren fast goldene Beeren. Die Weine zeichnen sich durch kaum zu übertreffende Geschmacksnuancen aus, die immer an eine Schale mit frischem Obst erinnern. Geschätzt wird ihre lange Lagerfähigkeit. Weltberühmt sind Riesling-Auslesen, Beerenauslesen und Trockenbeerenauslesen.

Müller-Thurgau

Müller-Thurgau stand über viele Jahrzehnte in Deutschland mengenmäßig auf einer Stufe mit dem Silvaner. Derzeit sind 20.000 Hektar bestockt. Der Schweizer Professor Dr. Hermann Müller aus Thurgau züchtete die Sorte 1882 in Geisenheim. Vermutungen, sie sei eine Kreuzung aus Riesling x Silvaner, sind nach neuesten Erkenntnissen widerlegt, die eine Kreuzung von Riesling x Madelaine Royal nahe legen. Die mittelgroßen Beeren schmecken saftig mit deutlichem Muskatbukett. Die Weine des Müller-Thurgau verbinden die Milde des Silvaners mit der Blume des Rieslings.

REBENKUNDE

Silvaner

Die bis in die 60er Jahre des 20. Jahrhunderts wichtigste deutsche Rebsorte ist inzwischen auf Rang 3 zurückgefallen (6400 Hektar). Herkunft ist wahrscheinlich Transsilvanien (heutiges Rumänien). In Rheinhessen, mit 4300 Hektar das weltweit größte Silvaner-Anbaugebiet, erlebt die traditionelle Sorte derzeit eine Renaissance. Galt der Silvaner bisher eher als gering-wertiger Konsumwein, so zeigen Winzer mit Premium-Silvanern inzwischen, was die Sorte leisten kann. Die mittelgroßen grünen bis gelbgrünen Beeren bringen feinfruchtige Weine mit milder Säure, ideale Begleiter zum Essen.

Kerner

Die Kreuzung aus Trollinger x Riesling (Weißweinsorte mit rotem Elternteil!), 1929 in Weinsberg gezüchtet, erinnert an den schwäbischen Dichter Justinus Kerner. Die mittelfrüh reifende Sorte gilt als kleiner Verwandter des Riesling, die Weine schmecken herzhaft frisch mit leichtem Muskatbukett. Außer in Rheinhessen (2000 Hektar) wächst Kerner vor allem in Württemberg.

Scheurebe

Die Scheurebe ist eine Kreuzung (Silvaner x Riesling) des erfolgreichsten deutschen Rebenzüchters Georg Scheu aus Alzey (weitere Scheu-Sorten sind: Siegerrebe, Faberrebe, Kanzler, Huxelrebe). Die Scheurebe ist neben dem Müller-Thurgau die bedeutendste deutsche Neuzüchtung. Das Bukett der gelben, runden Beeren erinnert an schwarze Johannisbeeren.

Weitere weiße Sorten, die man häufiger in den heimischen Weinbergen findet, sind Bacchus, Chardonnay, Ehrenfelser, Faber, Grauburgunder, Huxel, Ortega und Weißburgunder.

Blauer
Spätburgunder

Blauer Spätburgunder

Wertvollste deutsche Rotweinsorte aus dem Herkunftsland Burgund. Die Traube reift, ähnlich wie der Riesling, spät und nimmt damit reichlich Mineralien aus dem Boden auf. Die dünnhäutigen blauen bis violettblauen Beeren erinnern dezent an Bittermandel und Brombeeren. Die Weine zeichnen sich durch Körper, Alkohol und Fülle aus. Um dem Spätburgunder dunklere Farbe zu geben, kann er mit Deckrotweinen (Dunkelfelder, Dornfelder) verschnitten werden.

Dornfelder

Die Kreuzung aus Helfensteiner x Heroldrebe ist die Rotweinsorte mit den derzeit höchsten Zuwachsraten. Hohes Mostgewicht, niedrige Säure, hohe Erträge und kräftige Farbe haben aus dem einstigen Deckrotwein inzwischen einen selbstständigen Roten werden lassen. Mindest-Qualitätsstandards für den „Senkrecht-Starter" sollen sicherstellen, dass dem Boom kein Absturz folgt.

Portugieser

Der Portugieser war über viele Jahre hinweg wichtigste Rotweinsorte. Die früh reifenden Beeren bringen hellroten Most mit wenig Bukett, Säure und Alkohol. Die leichten, fast geschmacksneutralen Weine sind als „Schoppenweine" beliebt.

Weitere rote Sorten, die häufiger in heimischen Weinbergen wachsen, sind Dunkelfelder, Frühburgunder, Regent und Saint Laurent.

REBENKUNDE

Vom (Be)-Nutzen des Buches

Der vorliegende Wanderführer behandelt ein Gebiet, das Rheinhessen, Rheingau, Nahe und Hessische Bergstraße komplett überdeckt sowie den Mittelrhein von der Nahemündung bei Bingen bis zur Loreley einschließt. Beschrieben werden insgesamt 23 beschilderte Weinlehrpfade, acht interessante Weinwanderwege sowie die beiden Streckenwege Rheingauer Riesling-Pfad (komplett von Flörsheim-Wicker bis Kaub) und Mittelrhein-Weinwanderweg (Teilstück von Trechtingshausen bis St. Goar). Bei der Auswahl der Lehrpfade wurden solche Wege berücksichtigt, die im Sommer 2003 ordentlich beschildert waren. Die übrigen beschriebenen Weinwege sind solche, auf denen zu bestimmten Terminen im Jahr Schlenderproben oder geführte Wanderungen angeboten werden.

Bei den angegebenen Zeiten und Weglängen handelt es sich um Annäherungswerte. Sie sind bewusst großzügig gehalten. Pausen für das Lesen der Info-Tafeln sind einkalkuliert, nicht jedoch Rastzeiten an den Ruheplätzen. Deswegen können die Wanderzeiten individuell variieren. Sollte sich bei der Benutzung des Buches zeigen, dass bestimmte Angaben nicht (mehr) zutreffen, ist der Verlag für eine kurze Mitteilung dankbar.

Auf eine Bewertung der Lehrpfade wurde bewusst verzichtet. Die Ausstattung mit Info-Schildern, Weinbau-Geräten und Ruheplätzen variiert von Jahr zu Jahr stark. Was im Sommer 2003 noch in Ordnung war, kann bei Erscheinen dieses Buches schon beschädigt oder entfernt sein; wo Wanderer im vergangenen Jahr noch eine Wüstenei vorfanden, laden heuer vielleicht schon herrliche Ruhebänke und Sitzgruppen zur Rast ein. Vielleicht kann dieses Buch dazu beitragen, das Bewusstsein für ein gepflegtes Wanderwegenetz in den Weinbaugemeinden zu stärken.

Autor und Verlag bitten aufmerksame Leser, etwaige Veränderungen mitzuteilen. Jeder Weinwanderer, der eine Anregung gibt, die in einer Neuauflage des Buches zu Verbesserungen für die Nutzer führt, erhält ein Buch der verbesserten Auflage mit Widmung. Hinweise, die der Aktualisierung der Informationen dienen, bitte an:

FLoH-Verlag, Bachweg 26, 65366 Geisenheim
Telefon: 0 67 22 / 75 05 08, Fax: 0 67 22 / 75 05 09
blum.geisenheim@t-online.de

Rheinhessen
Land der 1000 Hügel

Zugegeben, ein wenig verwirrend ist es schon: Rheinhessen in Rheinland-Pfalz, stimmt das? Es stimmt – weil das einstige Groß-Herzogtum Hessen-Darmstadt, dem die Region 1816 zugeschlagen wurde, ihr den Namen gab, obwohl dort nachweislich nie Hessen gelebt haben. Die Zwangs-Hessen nehmen es längst gelassen und taufen ihre Heimat in gemütlicher Runde gerne in „Weinhessen" um. Politisch gesehen besteht „Rheinhessen" heute aus den Landkreisen Mainz-Bingen und Alzey-Worms sowie der Landeshauptstadt Mainz.

Eine spektakuläre Landschaft bietet der Landstrich nicht, darüber kann auch die „rheinhessische Schweiz" nicht hinwegtäuschen. Die Höhenunterschiede sind nicht wirklich beträchtlich, viele Berge im „Land der 1000 Hügel" erinnern eher an einen Buckel als einen Gipfel. Die Ackerfluren sind aufgeräumt, größere Wälder fehlen, Seen gibt es nicht. Weinberge beherrschen das Bild. 133 Gemeinden teilen sich die Region, nur in dreien wächst kein Wein.

In früheren Zeiten hoch gerühmt, galt Rheinhessen während der zurückliegenden Jahrzehnte als Lieferant süßer Weine, die zwar bei Verbrauchern gefragt waren, bei Experten aber nicht hoch im Kurs standen. Inzwischen hat in Weinberg und Keller ein gewaltiges Umdenken stattgefunden. Die Winzer versuchen so, sich von den niedrigen Preisen am Fassweinmarkt zu lösen, auf dem häufig keine kostendeckenden Umsätze mehr zu erzielen sind. Immer mehr Betriebe treten als Selbstvermarkter auf, bewirten ihre Gäste in idyllischen Innenhöfen und schmucken Gutsschänken, laden sie zu Urlaub auf dem Winzerhof ein.

Die Aufbruchstimmung wird vor allem dem Generationswechsel zugeschrieben: Junge, gut ausgebildete und engagierte Weinmacher besinnen sich auf die Stärken ihrer Weinberge und auf die klassischen Rebsorten, reduzieren die Erträge und betreiben sorgfältige Kellerpflege. Am Markt sorgen sie mit unkonventionellen Ideen für Aufmerksamkeit und Akzeptanz. Es gibt kaum einen Ort, in dem nicht Jungwinzer mit ihren erfahrenen Kollegen gemeinsam zu Verkostungen laden, vielfach bei geführten Wanderungen durch die Weinberge. Überörtliche Zusammenschlüsse wie die lockere Jungwinzer-Vereinigung „Message in the bottle" kombinieren Wein trinken mit Party-Atmosphäre und sprechen damit neue Zielgruppen an.

Rheinhessen ist ein klassisches Weißweinland. Die Sortenvielfalt scheint für Einsteiger anfangs etwas verwirrend, bietet Weinfreunden aber vielfältigen Genuss. Stärkste Sorte ist der Müller-Thurgau, der vor allem als Fasswein vermarktet wird. Besondere Aufmerksamkeit widmet man dem Silvaner – die 3000 Hektar Rebfläche sind Weltrekord. Das Kürzel RS (Rheinhessen-Silvaner) steht seit Mitte der 80er Jahre für die Renaissance des Klassikers, der sich als unkomplizierter Begleiter zum Essen empfiehlt. Auch Kerner, Scheurebe und Huxel, in übrigen Anbaugebieten eher belächelt, bringen unter der Obhut engagierter Weinmacher in Rheinhessen große Weine.

Der Anteil der roten Sorten steigt ständig an, mittlerweile sind ein Viertel der Rebflächen mit roten Rebsorten bepflanzt. Es gibt Experten, die prognostizieren, dass in naher Zukunft die Hälfte der Fläche rot bestockt ist. An der Spitze steht der Dornfelder, der inzwischen mehr als zehn Prozent der Fläche bedeckt. Damit die Boom-Sorte nicht zur Problem-Sorte wird, wurden Mindest-Qualitätsstandards festgelegt. Solche gibt es auch für die Weine der „Selection Rheinhessen" und „RS Rheinhessen Silvaner", wo Winzer ausgesuchte Weine freiwillig strengen Kontrollen unterwerfen.

Die Region lebt allerdings nicht vom Wein allein, sondern wird seit Zeiten von Kaiser Karl dem Großen auch von der Kultur geprägt. Mittelpunkt ist Mainz, nicht nur Medienhauptstadt der Rhein-Main-Region, sondern auch Schmelztiegel für großes Theater und kleine Kunst. Die Konzerte in der Villa Musica, die Open-Air-Aufführungen der Nibelungenfestspiele in Worms, Kammermusik in Kreuzgewölben und Kuhkapellen, Mundart-Matinees in Museen sowie trendige Rhythmen bei „Jazz & Joy" in Worms oder „Bingen swingt" – in Rheinhessen ist mächtig Drive drin.

Vor allem aber geht es hier um Lebensfreude. Am ehesten ist die sprichwörtliche rheinhessische Fröhlichkeit, die sich ein Quäntchen französische Gelassenheit bewahrt hat, bei einem guten Glas Wein zu erleben. „Kommen erinn und hocken eich!" was so viel heißt wie „Herzlich willkommen, nehmt erst mal Platz." Dann wird was „uff de Disch gestellt", und schon stimmt man das Hohelied der Heimatliebe gerne mit an, das auch die großen rheinhessischen Literaten so oft gesungen haben: die Alzeyerin Elisabeth Langgäser, Stefan George aus Bingen-Büdesheim, die Mainzerin Anna Seghers und der Nackenheimer Carl Zuckmayer. Der Autor des „Fröhlichen Weinbergs" brachte es in seinen Lebenserinnerungen auf den Punkt: Vom Rhein zu sein, „das heißt vom Abendland".

Das Anbaugebiet

Geographische Lage: Das größte deutsche Anbaugebiet liegt in dem weiträumigen Dreieck zwischen Mainz, Worms und Bingen. Im Norden und Osten ist es vom großen Rheinbogen umschlossen, im Westen von der Nahe, im Süden reicht es im Wonnegau an die Pfalz heran.

Klima: Rheinhessen zählt zu den wärmsten und niederschlagsärmsten Regionen Deutschland. Die mittlere Jahrestemperatur von 10 Grad und 1300 Sonnenscheinstunden bei etwa 500 mm Jahresniederschlag bieten den Reben gute Bedingungen. Im Wonnegau bei Worms ist der mediterrane Einfluss am stärksten spürbar.

Bestockte Rebfläche: 26.150 Hektar (26 Prozent der deutschen Weinbaufläche), davon 70 Prozent flache Lagen, 28 Prozent Hanglagen, 2 Prozent Steillagen.

Lagen: 3 Bereiche, 24 Großlagen, 434 Einzellagen.

Rebsorten weiß: Müller-Thurgau (18 %), Silvaner (10 %), Riesling (10 %), Kerner (7%), Sonstige (29 %), Gesamt: 74%.
Rebsorten rot: Dornfelder (12 %), Portugieser (7 %), Blauer Spätburgunder (4 %), Sonstige (3 %), Gesamt: 26 %.

Betriebsstruktur: 4900 gemeldete Betriebe, 1900 Vollerwerbler, 7,2% der Ernte gehen an Genossenschaften und Erzeugergemeinschaften.

Erntemenge: im Zehn-Jahres-Durchschnitt 100 hl/ha.

Rheinhessenwein e.V.
Otto-Lilienthal-Straße 4
55232 Alzey
Telefon: 0 67 31 / 95 10 74 -0
Fax: 0 67 31 / 95 10 74 -99
info@rheinhessenwein.de
www.rheinhessenwein.de

RHEINHESSEN

Die Freizeit-Region

Touristische Routen: Selztalradweg (52 Kilometer von Alzey bis Ingelheim, Markierung „R 2"), Obstroute Rheinhessen (27 Kilometer von Ingelheim nach Stadecken-Elsheim, dort Anschluss an Selztalradweg, Markierung Obstsignet), Veloroute Rhin / Rhein (internationaler Radweg, 75 Kilometer von Worms bis Bingen, Markierung „stilisierter gelber Radler"), Amiche-Radrundweg (ehemalige Bahntrasse, 36 Kilometer von Bodenheim über Köngernheim nach Nierstein, Markierung in Arbeit), Mühlenradweg (30 Kilometer von Framersheim nach Eich, Markierung Mühlensignet), Linksrheinischer Rheinhöhenweg (50 Kilometer von Oppenheim bis Bingen, danach weitere 136 km nach Bonn, Markierung „R"), Apostel-Pilgerweg (14 Kilometer von Dittelsheim-Heßloch nach Worms-Herrnsheim, Markierung „Pilgersymbol").

Sehenswert: die Altstädte von Alzey, Mainz und Worms, viele prämierte Winzerdörfer, Naturschutzzentrum Rheinauen (Bingen-Gaulsheim), Rheinhessische Weingewölbe.

Museen: Alzey (Stadtmuseum), Bingen (Historisches Museum am Strom - Hildegard von Bingen), Gau-Algesheim (Rheinhessisches Fahrradmuseum), Ingelheim (Kaiserpfalz), Mainz (Gutenbergmuseum, Museum für Antike Schifffahrt, Naturhistorisches Museum), Oppenheim (Deutsches Weinbaumuseum), Worms (Nibelungenmuseum).

Aussichtspunkte: Rochusberg (Bingen), Petersberg (Bechtheim), Wissberg (Gau-Bickelheim), Bismarckturm (Ingelheim), Niersteiner Warte (Nierstein), Stadecker Warte (Stadecken-Elsheim), Klausenkapelle (Worms-Abenheim).

Top-Tipp: Führung durch die „Unterwelt" von Oppenheim (Verbund von Kellergewölben und -gängen).

Rheinhessen-Touristik GmbH
Wilhelm-Leuschner-Straße 44
55218 Ingelheim
Telefon: 0 61 32 / 44 17-0
Fax: 0 61 32 / 44 17-44
info@rheinhessen.info
www.rheinhessen.info

1 | Weinwanderweg Alsheim

Weißmühlbrunnen

Am Übergang vom Rheinhessischen Tafel- und Hügelland zur Ebene des Rheintals liegt zwischen Oppenheim und Osthofen der Weinort Alsheim. Die Kommune ist inklusive ihres Ortsteiles Hangen-Wahlheim in die Verbandsgemeinde Eich eingegliedert, zu der auch die umliegenden Ortsgemeinden Gimbsheim, Hamm, Eich und Mettenheim gehören. In der weiten Talaue des Rheins erstreckt sich ein natürlich entstandener Altrheinarm über sechs Kilometer zwischen Eich und Gimbsheim. In dieser einzigartigen Sumpflandschaft finden viele seltene Pflanzen und bedrohte Vogelarten Zuflucht.

Mit mehr als 700 Hektar Rebland gehört Alsheim zu den größten Weinbau treibenden Gemeinden in Rheinhessen. Im Gegensatz zu anderen Orten, wo Flurbereinigungen allzu aufgeräumte Landschaften hinterlassen haben, findet man in Alsheim naturbelassene Flure mit idyllischen Hohlwegen, die für die Gemarkung typisch sind. In den engen Geländekerben, die sich bis zu zehn Meter in den Lössboden gefräst haben, siedeln seltene südländische Pflanzen.

Der Ort bietet mit seinen beiden Kirchen (evangelisches Gotteshaus mit Sarazenenkuppel aus dem 12. Jahrhundert, katholische Kirche mit Rauten-Sterngewölbe aus dem 16. Jahrhundert) und dem Rathaus aus dem 18. Jahrhundert drei interessante Gebäude.

Startpunkt: Bürgerhaus
Markierung: lückenhaft, nicht durchgehend befestigt
Länge: 4,8 / 9,0 / 13,5 Kilometer
Gesamtdauer: 1 / 2 / 3 Stunden

Touristinformation VG Eich
Hauptstraße 26, 67575 Eich
Telefon: 0 62 46 / 69 33, Fax: 0 62 46 / 69 69
verkehrsverein@vg-eich.de
www.vg-eich.de

→ Alsheimer „Rheinblickfest" am 2. Juni-Wochenende,
Alsheimer Weinwandertag am 3. Sonntag im September

RHEINHESSEN

Durch diese hohle Gasse . . .

Der Förderverein „Rheinblickfest – Weinwandern" lädt alljährlich am 3. Sonntag im September zur „Alsheimer Weinwanderung" durch die herbstlich gefärbten Weinberge ein. Auf drei Routen werden an eigens errichteten Probierständen Alsheimer Weine und deftige Winzerkost angeboten.

Startpunkt für alle drei Routen ist das **Bürgerhaus**. Von hier geht es entlang des „Wahlheimer Weges" gleichlaufend mit dem „R" des „Rheinterrassenweges" in die Gemarkung hinein. Beim letzten Haus des Ortes steht rechts ein alter Rigol-Pflug. Wenig später ist in der Gemarkung **Rheinblick** am Weg eine alte Doppelkorbkelter aufgerichtet.

Dort, wo die Route in einen tief eingeschnittenen Hohlweg eintaucht, folgen zwei Fassböden mit kurzen Hinweisen zur Scheurebe und zum Blauen Portugieser. Solche Wege, die durch Bodenerosion entstanden, gab es früher im rheinhessischen Hügelland zuhauf. Weil sie als Wirtschaftsweg schlecht zu befahren waren, wurden sie im Zuge von Flurbereinigungen meist beseitigt. In Alsheim dagegen sind zwölf dieser einst typischen Wege mit insgesamt fünf Kilometern Länge erhalten geblieben. Sie beheimaten heute selten gewordene Pflanzen und Tiere.

Dem „R" folgend gelangt man jenseits des Hohlweges zum Schild Kerner, wo die grüne Route („Seniorenweg") nach links abbiegt.

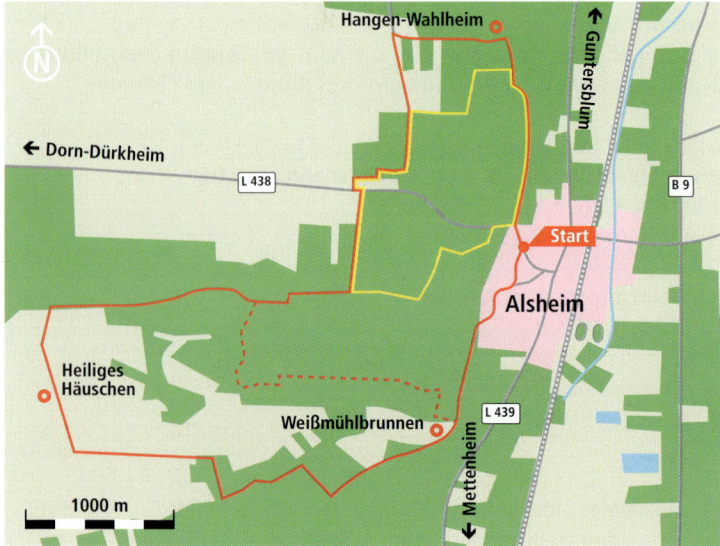

Weiter geradeaus geht es am Schild „Riesling" vorbei zum Weiler **Hangen-Wahlheim**, einem Ortsteil von Alsheim (30 Minuten ab Bürgerhaus).

Dort weist das Schild „Weinwanderweg" nach links in den nächsten Hohlweg. Im Aufstieg passiert man ein markantes Tempelchen der Wasserversorgung Rhein-Selzgebiet und gelangt im Anblick der Windräder bei Wintersheim auf die landwirtschaftlich genutzte Hochfläche oberhalb der Rheinterrasse. Dort, wo das Asphaltsträßchen nach rechts abknickt, biegt der Weinwanderweg nach links ab. Von links stößt bald die „Seniorenroute" wieder auf den Weg, der geradeaus weiter auf die Weinbergsgemarkung zu führt. Etwa 100 Meter oberhalb der Straße zwischen Alsheim und Dorn-Dürkheim biegt man nach rechts ab, gelangt kurz darauf nach links hinunter zu einer eingezäunten Fläche und umwandert diese auf der nördlichen Seite bis zur Straße (30 Minuten ab Hangen-Wahlheim).

Auf der Straße 50 Meter nach links in Richtung Alsheim und sofort wieder rechts in die Gemarkung hinein (gemauertes Unterstellhäuschen). An zwei Querwegen und zwei Einmündungen vorbei erreicht der unbefestigte Weg bald ein gepflastertes Stück. Jetzt heißt es aufpassen. Etwa 100 Meter nach Beginn der Pflasterung trennen sich die Routen: die grüne (kurze) führt nach links direkt zum Bürgerhaus zurück, die rote und die blaue (beide länger) biegen nach rechts ab.

Alsheimer Weinwandertag

RHEINHESSEN

Die Route mündet bald auf einen asphaltierten Querweg ein, schlägt einen Links-Rechts-Bogen und teilt sich wenig später erneut: die rote Route biegt mit dem Asphaltsträßchen nach links ab und läuft im weiten Linksbogen hinunter zum **Weißmühlbrunnen**.

Die blaue Variante verläuft geradeaus am Hang entlang. Der unbefestigte Terrassenweg wird von Hecken und Feldhainen gesäumt, die Lebensraum für Vögel, Nagetiere und Insekten bilden. Nach etwas mehr als einem Kilometer trifft man auf einen gepflasterten Querweg, wo die Route nach links abknickt und zu der Baumreihe in der Bachsenke führt.

Rast am Heiligen Häuschen

Jenseits der landwirtschaftlichen Fläche geht es leicht bergan und in einen Hohlweg hinein, von dessen Ende es nur noch wenige Meter bis zum „Heljeheisje" (**Heiliges Häuschen**) sind. Es steht seit mehreren hundert Jahren an der Gemarkungsgrenze zwischen Alsheim und Dorn-Dürkheim an der Stelle, wo im Mittelalter eine Straße zwischen Mainz und Worms verlief. Von der Ruhebank am Heljeheisje hat man einen weiten Blick über die Rheinebene hinweg bis zum Odenwald, der Bergstraße und der Silhouette von Frankfurt (45 Minuten ab Straßenquerung).

Nun auf der Ackerfläche in der vorigen Richtung etwa 200 Meter weiter bis zum nächsten Querweg, wo man nach links abbiegt und direkt auf den frei stehenden Hochsitz und das dahinter liegende Wäldchen zuhält. Etwa 100 Meter vor dem Waldsaum biegt die Route nach rechts in die Weinberge hinein. Über einen flachen Buckel hinweg und durch die dahinter liegende Delle geht es den nächsten Höhenrücken hinauf, bis der unbefestigte Weg auf ein Asphaltsträßchen mündet. Hier nach links und nun ständig leicht bergab, dem Asphaltband folgend, kurze Zeit später nach rechts hinunter ins **Schalkental**. Entlang des Bächleins wandert man erneut in einen Hohlweg hinein und gelangt zum Ruheplatz am Weißmühlbrunnen (45 Minuten ab Heiliges Häuschen).

Nun über die Straße hinweg und unterhalb der Lage **Frühmesse** geradeaus auf **Alsheim** zuhalten. So erreicht man die ersten Häuser des Weinortes, gelangt zu einem Weingut, entdeckt dort einen schmalen Pfad und gelangt schließlich zum „Kellerpfad". Nun an der evangelischen Kirche nach links in die „Mühlstraße" und über die „Langgasse" zurück zum Bürgerhaus (30 Minuten ab Weißmühlbrunnen).

2 | Weinlehrpfad Alzey-Weinheim

Alzey, mit 1750 Jahren urkundlich belegbarer Geschichte eine der ältesten Städte Deutschlands, ist heute Kreisstadt im größten Weinbau treibenden Kreis Deutschlands. Außerhalb der näheren Umgebung kennt man den Ort vor allem wegen seines Beinamens „Volkerstadt". Er stammt vom Recken des Nibelungenliedes, das Stadtwappen enthält seine Fiedel, Brunnen und Straßen tragen seinen Namen. Die Stadt betreibt ein eigenes Weingut und ist Sitz der früheren Landesanstalt für Rebenzüchtung. Im Museum wird die älteste Biermaische Deutschlands aufbewahrt.

Einige engagierte Winzer haben sich zur Gruppe der „Alzeyer Wingertsleut" zusammengeschlossen und ein touristisches Projekt angestoßen, bei dem die Winzer ihre Gäste auf einer Schlendertour entlang der Wingertshäuschen durch die Gemarkung begleiten.

Weinkennern, die ein besonderes geologisches Interesse haben, ist der Alzeyer Ortsteil Weinheim ein Begriff: Die bedeutendsten naturhistorischen Museen der Welt besitzen Haizähne, Seekuhknochen, Muscheln und Schnecken aus dem Oligozän (vor etwa 35 Millionen Jahren), die in der Weinheimer Talsenke gefunden wurden. Einst brandete hier das Meer gegen das Hügelland und schwemmte eine Vielzahl von Organismen an, deren Versteinerungen man noch heute findet. Am markantesten ist die Weinheimer Trift, eine Steilwand, in der man Muschel- und Schneckenschalen erkennen kann.

Startpunkt: Sportplatz
Markierung: keine
Länge: 2,5 Kilometer, durchweg befestigt
Gesamtdauer: 45 Minuten

Tourist-Info Alzey, Antoniterstraße 41, 55232 Alzey
Telefon: 0 67 31 / 49 93 64, Fax: 0 67 31 / 99 08 85
touristinfo-alzey@t-online.de
www.alzey.de oder www.pro-weinheim.de

→ Alzeyer Wingertshäuschen-Wanderung
  am 1. Sonntag im September,
  Alzeyer Winzerfest am 3. September-Wochenende

RHEINHESSEN

Wo einst das Meer über die Hügel schwappte

Die erste urkundliche Erwähnung Weinheims ist für das Jahr 772 belegt. Zwei Brüder schenkten dem Kloster Fulda Grundstücke in „wihenheim". Der Überlieferung zufolge soll der erste Erzbischof von Mainz, Bonifatius, mit dem Bau der Kapelle „Zum heiligen Blut" auf der Weinheimer Höhe der hier gefallenen Opfer eines Hunnen-angriffs aus dem Jahr 454 gedacht haben. Die „Villa Heiligenblut" trägt ihren Namen ebenfalls als Erinnerung an dieses Ereignis.

Der Weinlehrpfad beginnt direkt unterhalb der Sandgrube an der **Trift** im Nordosten der 1800-Seelen-Gemeinde. Die Grube ist wie ein „Geschenk" für Geologen, die dort seit mehr als 150 Jahren der Erdgeschichte nachspüren. Zwei weitere Fundstätten belegen die Bedeutung Weinheims in Paläontologenkreisen: im Süden des Ortes der ehemalige „Steinbruch an der Neumühle", im Nordwesten die „Sandgrube im Zeilstück".

Ortsfremde fahren am besten auf dem „Muskatellerweg" bis zum Sportgelände (beschildert, Parkplatz). Nun wenige Meter zurück und nach links in den „Rieslingweg" hinein, dem man etwa 400 Meter bis zu dessen Einmündung in die „Niederwieser Straße" folgt. Da der nahe Weinpfad unterwegs nur dürftige Informationen bereithält,

Infotafel an der Weinheimer Trift

ist er eher ein Spazierweg als ein echter Lehrpfad. Vor dem großen Sandbruch (Ruheplatz) erläutert eine Infotafel die erdgeschichtlichen Zusammenhänge sowie die Besonderheiten der drei Weinheimer Fundstätten. Eine zweite Tafel stellt Weinheim und seine Weine vor. Die 250 Hektar Rebfläche verteilen sich auf die Lagen „Heiliger Blutberg", „Hölle", „Kapellenberg", „Kirchenstück", „Mandelberg" und „Sioner Klosterberg".

Wer ein bisschen Zeit mitgebracht hat, schlendert vom Ende der „Niederwieser Straße" aus nach rechts kurz ein steiles Wegstück hinauf in die Weinberge und zum **Heiligblut-Turm**. Er wacht seit mehr als 100 Jahren über Weinheim. Gemeinsam mit der „Villa Heiligenblut" und der Kapelle „Zum heiligen Blut" gilt er als architektonisches Gesamtkunstwerk. Der 13,5 Meter hohe zinnenbekrönte Turm hat einen Außendurchmesser von 3,5 Metern und besitzt zwölf Fenster im neugotischen Stil. Die 60 Zentimeter dicken Mauern umschließen einen drei Meter tiefen Keller und drei darüber liegende Geschosse. Turm und Villa sind nach Voranmeldung zu besichtigen. Vom Turm geht es auf gleichem Weg zurück zur **Weinheimer Trift** (15 Minuten hin und zurück)

Heiligblut-Turm

Das erste Lehrpfad-Schild erklärt mit wenigen Worten die Rebsorte Riesling. Nun auf der Weinbergstraße anfangs steil bergan und an einem Schild zur Sorte Schönburger vorbei zu

Blick von der Doppelkelter auf Alzey-Weinheim

einer Doppelkelter am Scheitelpunkt des Weges (Sitzgruppe). Eine Infotafel gibt Aufschluss über die charakteristischen rötlich gefärbten Gesteinsverwitterungsböden in der Weinheimer Gemarkung. Sie speichern tagsüber die Wärme und strahlen sie nachts wieder ab. Das so entstehende ausgeglichene Mikroklima fördert das Wachstum der Reben und der Trauben. Von der Sitzgruppe aus hat man einen weiten Blick auf die Alzeyer Talsenke im Osten sowie das gesamte rheinhessische Hügelland.

Rebsortenschild „Huxel"

An der Kelter biegt der Weinlehrpfad nach links in die Gemarkung **Kirchenstück** ein. Der befestigte Wirtschaftsweg führt zunächst niveaugleich hinüber zu einem Wegekreuz, an dem das nächste Schild die Faber-Rebe vorstellt. Weiter geradeaus senkt sich der Weg leicht ab, kreuzt einen Querweg und mündet schließlich auf einen weiteren Querweg ein. Dieser führt in einem großzügigen Bogen in die Weinheimer Senke hinab. Bis zum nächsten Wegekreuz weiter unten stehen noch drei Rebsortenschilder am Weg: Scheurebe, Ruländer und Huxel. Am folgenden Wegekreuz (Rebsortenschild „Morio") geht es kurz nach links und zum Sportgelände zurück.

3 | Weinlehrpfad Bechtheim

In einer rings von Hügeln umgebenen Mulde liegt nördlich von Worms der kleine Wonnegauer Weinbauort Bechtheim (Verbandsgemeinde Westhofen). Sein Name geht zurück auf den fränkischen Edelmann Bero. Dieser begründete hier im 6. Jahrhundert seinen Herrensitz „Beroheim" und schuf damit die Keimzelle für Bechtheim. Im 9. Jahrhundert geriet der Ort durch Schenkungen in den Besitz des Hochstifts Lüttich in Belgien. Bedeutendstes Bauwerk ist die Romanische Basilika aus der ersten Hälfte des 11. Jahrhunderts. Sie ist dem heiligen Lambertus geweiht. Ab dem 13. Jahrhundert sind Pilgerwallfahrten zur Reliquienverehrung des heiligen Lambertus bezeugt. Das Dorf war 1558 nach einen Großbrand fast völlig zerstört. Anschließend wurde es großzügig wieder aufgebaut. Seitdem trägt es den Beinamen „Dorf der Herrschaftshäuser".

Sehenswert sind auch die alten eingefassten Brunnen. Sie dienten einst zur Erfrischung wallfahrender Pilger, später für die Wäsche oder als Viehtränken. Heute sind sie in den „Brunnenweg" integriert, der im Dorf an zehn Stationen an das frühere Leben erinnert. Bereits seit 1935 pflegen die Bechtheimer eine Weinpatenschaft mit der thüringischen Landeshauptstadt Erfurt.

Startpunkt: Romanische Basilika, Dorfmitte
Markierung: stilisierter blauer Pilger
Länge: 2 Kilometer
Rundweg, durchgängig befestigt
Gesamtdauer: 60 Minuten

Verbandsgemeinde Westhofen
Wormser Straße 23, 67593 Westhofen
Telefon: 0 62 44 / 59 08-0, Fax: 0 62 44 / 59 08-51
post@vg-westhofen.de
www.vg-westhofen.de

➜ Weinfest „Am Pilgerpfad" am 2. September-Wochenende
mit Bechtheimer Weinpilger-Wanderung am Samstag

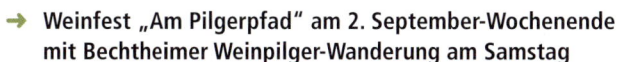

R H E I N H E S S E N

Mit Fernseh-Stars auf dem Pilgerpfad

In der 630 Hektar großen Gemarkung haben die Winzer einen Wanderweg angelegt und ihn den Pilgern gewidmet. Seit 1979 laden sie dort am zweiten September-Samstag zu einer Wanderung ein. Seit 1984 ist es Brauch, dass die Weinwanderung von einem prominenten Wein-Pilger angeführt wird, der vor dem Start in einer feierlichen Zeremonie mit Kutte, Seil, Hut und Stab eingekleidet wird. Zu Wein-Pilgern ernennen die Bechtheimer alljährlich einen anderen Prominenten. In der Liste finden sich unter anderem der Fernsehjournalist Reinhard Appel sowie die „Lindenstraßen"-Stars Joachim Herrmann Luger und Marie Luise Marjan. Wein-Pilger des Jahres 2003 / 2004 ist der Schauspieler und Fernsehmoderator Werner Schulze-Erdel.

Wenngleich der Weinwanderweg eigentlich erst an der Infotafel in der „Lambertusstraße" beginnt, sollte man vorher der romanischen **Lambertus-Basilika** einen kurzen Besuch abstatten. Das Gotteshaus, von den belgischen Augustiner Chorherren vom Aegidienberg begründet, bildete einst gemeinsam mit dem befestigten Friedhof eine Kirchenburg. Vorbild war die Andreaskirche in Worms, deren Werkmeister und Bauleute die Bechtheimer Basilika anlegten. Von dem Gotteshaus geht es entlang der gepflasterten „Kirchgasse" zur „Lambertusstraße" und auf ihr nach rechts bis zum Straßenknick, wo sie in die „Rheinstraße" übergeht. Auf der gegenüberliegenden Straßenseite steht eine Infotafel, auf welcher der Verlauf des Weinwanderweges skizziert ist.

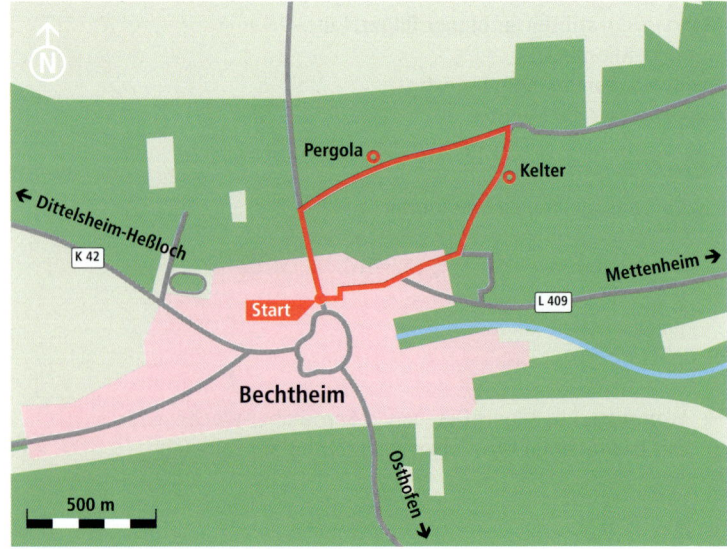

Zu den Bechtheimer Weinpilgern gehört TV-Moderator Werner Schulze-Erdel (rechts).

Der Wein-Pilger auf dem Richtungsschild weist geradeaus in den **Reifenberg** hinein. Wenige Meter nach den letzten Häusern knickt die Route in der Weinbergsgemarkung nach halblinks ab und leitet auf einem gepflasterten Weg leicht bergan. Sie führt an einem eingewachsenen Fass und einer alten Kelter (Sitzgruppe mit Tisch und Bänken) vorbei zu einem betonierten Querweg, auf den sie nach links einmündet (30 Minuten ab Basilika).

Hier lohnt es, kurz innezuhalten und den Blick zu genießen. Er reicht über die Rheinebene (inklusive der Kühltürme des Atomkraftwerkes Biblis) hinüber zu den Bergen des Odenwaldes, weiter rechts über den gesamten Wonnegau hinweg bis zur Pfälzer Hardt und an die Vogesen.

Entlang des Betonweges, der höhengleich oberhalb von Bechtheim in Richtung Westen läuft, stehen nun mehrere Rebsortenschilder mit knapp gefassten Informationen: Morio Muskat, Silvaner, Müller-Thurgau, Blauer Portugieser, Grauer Burgunder, Chardonnay, Riesling

Die Tafel am Ende des Lehrpfades

und Scheurebe. Zudem haben die Winzer am Rand zwei kleine Pflüge sowie einen größeren verankert, mit denen sie an die Arbeitsweise in früheren Jahrzehnten erinnern.

An der Westseite des Umsetzerhäuschens, wo der bis dahin ebene Weg sich leicht senkt, lädt eine gemütliche Pergola zur Rast. Eine weitere Ruhebank steht vor dem Backsteinhaus, in dem sich ein Hauptbehälter der Wasserversorgung befindet. Nun geht es noch ein Stück weiter hinab zum nächsten gepflasterten Querweg, auf den der Pilger-Weg nach links einmündet und kurz darauf am Schild „Gewürztraminer" vorbei im „Steig bei der Warte" die ersten Häuser von Bechtheim erreicht. Am alten Transformatorenhaus steht eine große Infotafel, auf der noch einmal die Bechtheimer Großlagen Pilgerpfad und Gotteshilfe mit ihren Einzellagen aufgelistet sind. Die Straße führt an mehreren Weingütern vorbei direkt in den Ortskern zurück (30 Minuten ab Auftreffen auf den Querweg).

Dort sollte man sich auf jeden Fall noch so viel Zeit nehmen, wenigstens zwei oder drei der Brunnen entlang des Brunnenweges anzusehen, bevor man in einen der gemütlichen Winzerhöfe einkehrt.

4 | Weinlehrpfad Bingen-Büdesheim

Bingen kann für sich in Anspruch nehmen, im Schnittpunkt von vier Weinanbaugebieten zu liegen: Rheinhessen, Nahe, Mittelrhein und Rheingau. Der Binger Hausberg, der Kloppberg, war schon in keltischer Zeit bewohnt. Die Römer errichteten 77 n.Chr. den Naheübergang an der Drususbrücke. Schon damals war Bingen ein strategisch wichtiger Ort. Berühmt sind das Binger Loch, ein berüchtigter Felsriegel im Rhein, der inzwischen gesprengt wurde, sowie der Binger Mäuseturm auf einer schmalen Insel vor der Nahemündung, eine ehemalige Mautstelle. Hildegard von Bingen (eigentlich von Bermersheim) gründete 1147 am linken Naheufer das Benediktinerinnenkloster Rupertsberg. Ein Museum erinnert an die bedeutendste Frau des deutschen Mittelalters.

Der Binger Ortsteil Büdesheim, hinter dem Rochusberg vom Rhein abgewandt gelegen, ist nicht nur bei Weinkennern weit bekannt, sondern auch bei Literaten: Hier wurde am 12. Juli 1868 der Dichter Stefan George geboren. Der Sohn eines Weinhändlers und Gastronomen hinterließ ein umfangreiches Werk mit Lyrik und Erzählungen, als er am 4. Dezember 1933 in Locarno (Schweiz) starb. Die Winzer erinnern an ihn mit ihrem Weinlehrpfad: Auf jeder der modern gestalteten Infotafeln werden Verse aus dem Werk Georges zitiert. Sie dokumentieren, dass sich der Literat zeitlebens dem Wein und dem Rhein verbunden fühlte, mithin ein echter „Schnudedunker" war.

Startpunkt: große Infotafel am Ende der Osterbergstraße
Markierung: keine
Länge: 2 Kilometer, durchweg befestigt
Gesamtdauer: 60 Minuten (eine Richtung)

Amt für Touristik
Rheinkai 21, 55411 Bingen
Telefon: 0 67 21 / 18 42 05, Fax: 0 67 21 / 18 42 14
tourist-information@bingen.de
www.bingen.de

RHEINHESSEN

De Stefan, de Schambes und weitere Schnudedunker

Der Büdesheimer Weinlehrpfad ist kein Rund-, sondern ein Wendepunktweg; das heißt, man muss die gleiche Strecke zurücklaufen. Wenngleich die Nummerierung der Stationen vom Berg zum Tal verläuft, scheint die umgekehrte Richtung für einen Spaziergang besser: Man nähert sich dem **Rochusberg** und der imposanten Kirche verhalten, die Aussicht wird von Station zu Station beeindruckender; und ist man schließlich oben auf dem Berg, geht es ganz gemütlich zurück.

Den Ausgangspunkt des Weinlehrpfades findet man, wenn man in **Büdesheim** den Hinweisschildern zur „Fachhochschule" folgt. Sie leiten direkt in die „Berlinstraße". Wo die „Osterbergstraße" kreuzt, sollte man einen Parkplatz suchen. Die große Infotafel am Beginn (bzw. Ende) des Weinlehrpfades sieht man von der Straße aus. Die Tafel informiert über die Chronik des Ortes, skizziert den Verlauf des Pfades, nennt die 13 Stationen bis zum Weintor und gibt schließlich Hinweise darauf, wo man am Ende der Tour einen süffigen Schoppen findet.

Der Binger Schambes

Info-Säule an der Weinkelter

Der Betonweg steigt in der Gemarkung stetig bergan und hält zunächst auf die **Marien-Wendel-Kapelle** zu. Kurz darauf erreicht man das nächste Gotteshäuschen, die **St. Rochus-Kapelle** (Ruhebänke). Wenig später entdeckt man eine kleine Kelter im Wingert. Daneben hat der Künstler Marco Bartholmä eine Sandsteinskulptur aufgestellt, die eine Rebe mit Trauben ziert. Die nächste Station lädt zur inneren Einkehr: Eine markante Steinskulptur mit der Beschreibung „Jesus fällt unter dem Kreuz" erinnert an die Leiden Christi.

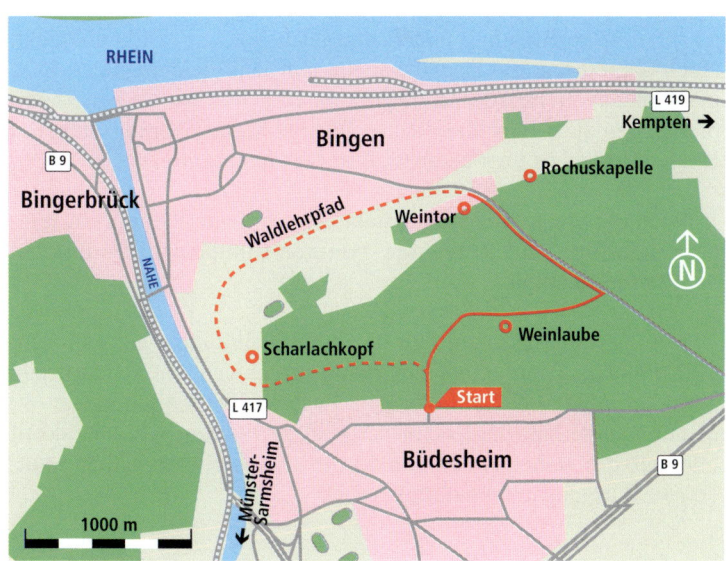

Steinskulptur „Jesus fällt unter dem Kreuz"

Nicht weit entfernt wurde eine große, gemütliche Weinlaube mit halboffener Hütte errichtet. Der Blick über das rheinhessische Hügelland begeistert immer wieder aufs Neue.

Es folgen weitere Rebsortenschilder, bis urplötzlich der Blick frei wird auf den Rhein, den weinigsten Strom Europas. Jenseits grüßen die Hänge des Taunus, zu dessen Füßen sich die Rheingauer Weinorte wie an einer Perlenschnur aufgereiht drängeln. Die Fulder Au teilt den Strom in zwei Hälften. Zugleich wird deutlich, welche Wunden die dichte Bebauung in die idyllische Landschaft geschlagen hat.

Nun ist es nicht mehr weit bis zur großen Wegetafel, wo der Weinlehrpfad seine Richtung ändert und nach links aufwärts abknickt. Hoch oben thront die Rochuskapelle auf dem gleichnamigen Berg und kündet vom Heil der Hildegard, die einst hier wirkte. Am Rheinblick laden zwei Bänke zur Ruhe. Wenige Meter oberhalb steht der Binger Schambes überlebensgroß in der Gemarkung.

Noch ein Stück Weg weiter steht das markante Weintor im Wingert. Von hier sind es wenige Minuten hinüber zur berühmten **St. Rochus-Kapelle**.

Wer noch ein bisschen Zeit übrig hat, sollte nicht auf gleichem Weg durch die Weinbergs-Gemarkung zurückwandern, sondern dem „Waldlehrpfad" (32 Tafeln) folgen. Er führt über 2,5 Kilometer (30 Minuten) unterhalb des Rochusbergrückens bis zum **Scharlachkopf** oberhalb des Nahetals und von dort in einer weiteren halben Stunde zum Ausgangspunkt zurück.

5 | Weinlehrpfad
Bodenheim

Zwischen Mainz und Oppenheim liegt Bodenheim, das selbst ernannte „Tor zur Rhein-Terrrasse". Es ist einer der ersten Orte der Region, in denen Weinbau urkundlich bezeugt ist: Im Jahre 754 schenkte ein gewisser Rantulf dem Fuldaer Kloster einen Weinberg in „villa batenheim". Vom 11. Jahrhundert an sicherten sich nicht weniger als 36 Mainzer Klöster, Stifte und Adelsgeschlechter Weinhöfe in Bodenheim. Sie dienten auch als Landsitz und geben dem Ort noch heute sein besonderes Profil. Dazu zählen der Kartäuser Hof, der Bassenheimer Hof, der Leyensche Hof, der Altmünsterhof und der Dalheimer Hof. Besonders putzig ist der Erker am Molsberger Hof.

Größter Grundbesitzer war das südlich von Mainz gelegene Ritterstift St. Alban unter „Churfürstlich Maynzischer Landeshoheit". St. Alban ist Namenspatron für die gewaltige katholische Kirche, die vom Rheintal aus unübersehbar über die Dächer des Ortes ragt. Der klassizistische Bau mit dem markanten Westturm (52,5 m hoch) wurde 1830 fertig gestellt und überrascht im Innern mit einer prachtvollen Rokokokanzel, zwei barocken Seitenaltären und einem Hochaltar.

Startpunkt: Standbild des Stiftspatrons am ehemaligen Reichsritterstift
Markierung: keine
Länge: 2,7 Kilometer, durchweg befestigt
Gesamtdauer: 60 Minuten

Verkehrsverein Bodenheim e.V.
Postfach 25, 55292 Bodenheim
Telefon: 0 61 35 / 63 95, Fax: 0 61 35 / 63 97
verkehrsverein@bodenheim.de
www.bodenheim.de

→ St. Albansfest am 1. Juni-Wochenende
Weinerlebnistage „Im Westrum" am 2. September-Wochenende
Weinprobe am Weinlehrpfad am letzten September-Samstag

Der Heilige mit dem Kopf in den Händen

Die Bodenheimer haben in ihrer Gemarkung 1983 einen Weinlehrpfad beschildert, der auf einem 2,7 Kilometer langen Rundweg durch die Gemarkung führt. Anlässlich der 1250-Jahrfeier der Gemeinde im Jahr 2004 wurden die Schilder des Lehrpfades neu gestaltet. Wenngleich am Startpunkt des Weinlehrpfades am ehemaligen **Reichsritterstift** Parkplätze vorhanden sind, empfiehlt sich zuvor ein kurzer Gang durch die Gassen des Ortes. In der Altstadt sind zwei unterschiedlich lange historische Rundwege beschildert (1,6 und 4,3 km), die zu 28

St. Alban-Statue

beschriebenen Sehenswürdigkeiten führen. Die bekanntesten sind die katholische Kirche St. Alban sowie das Fachwerkrathaus und der Molsberger Hof mit ihren markanten Erkern.

Vom Bahnhof aus gelangt man im Ort über den „Dollesplatz" und den „Schönbornplatz" in 15 Minuten zum ehemaligen **Reichsritterstift**. Gegenüber der Mauer steht die Statue des **St. Alban**. Sie erinnert an den Martertod des Heiligen Alban auf dem Mainzer Gartenfeld im Jahr 406. Der Sage nach soll der Stiftspatron, nachdem man ihn geköpft hatte, mit dem Kopf in der Hand noch weit in die Gemarkung gelaufen sein. Eine Tafel skizziert die Route und gibt einen kurzen Abriss der Ortsgeschichte.

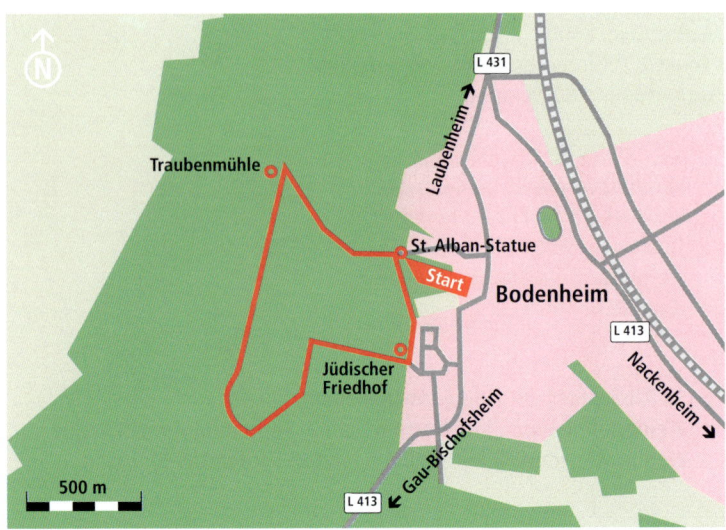

An der Statue des St. Alban vorbei läuft man direkt zum nahen **Potsdamer Hof**, wo man die Weinbergsgemarkung erreicht. Hier biegt der Lehrpfad mit dem Asphalt-Wirtschaftsweg nach halbrechts ab und führt im leichten Aufstieg zunächst zu einer alten Oberdruckkelter mit zwei Körben. Auf der Strecke dorthin passiert man die Rebsortenschilder zum Silvaner und zum Chardonnay.

Nun geht es weiter aufwärts am Riesling-Schild vorbei zu einem Feldhain, vor dem eine Traubenmühle auf einem Fass steht. Drei große Infotafeln erläutern an dieser Stelle die Arbeiten im Weinberg. Fünf einprägsame Texte erklären den Rebschnitt, die Stockpflege und die Bodenpflege sowie die Notwendigkeit von Pflanzenschutzmaßnahmen. All dies mündet schließlich in die wichtigste (und schönste) Arbeit im Weinberg, die Weinlese, bei der die Winzer den Lohn ihrer Mühe einfahren.

An der Kelter knickt der Lehrpfad scharf nach links ab und leitet leicht ansteigend in Richtung Süden. Dabei

Infotafel an der Traubenmühle

RHEINHESSEN

erfährt man Wichtiges zum Grauen Burgunder und zum Riesling. Nach dem Scheitelpunkt des Wirtschaftsweges senkt sich der Pfad leicht abwärts und hält auf eine Gebüschgruppe zu, in der sich ein übermannshoher Felsfindling verbirgt. Unterwegs passiert man Schilder zum Gewürztraminer und zum Weißen Burgunder. Wer es nicht bereits getan hat, sollte spätestens jetzt kurz innehalten und sich einen Rundblick gönnen. Er reicht weiter über die Rheinebene

Altes Rathaus mit Erker

hinaus auf Taunus und den Odenwald, hinab in das Tal des Rheines und hinunter auf die Altstadt von Bodenheim.

Nun geht es in voriger Richtung weiter am Schild Schwarzriesling vorbei in einem leichten Bogen bis zu einem Querweg an einem Flutgraben. Hier knickt der Pfad nach links ab, passiert kurz darauf das Schild zum Regent und läuft direkt auf den **Westerheymer Hof** (Weingut Lorch) zu. Westerheim war neben Klein- und Großbodenheim in fränkischer Zeit eine der drei Siedlungen, die später zu Bodenheim zusammenwuchsen.

Am **Westerheymer Hof** knickt der Pfad erneut nach halblinks ab. Kurz zuvor informieren zwei große Tafeln über die Arbeiten im Weinkeller. Nun geht es am **Benefiziathof** vorbei zur nächsten Abbiegung. Hier weist die Markierung nach rechts direkt auf Bodenheim zu. Die letzten Schilder des Lehrpfades informieren über spezifische Besonderheiten von Chardonnay, Dunkelfelder, Merlot und Portugieser.

Attraktives
Rebsortenschild

So gelangt man schließlich zum **Jüdischen Friedhof**. Hier rufen zwei Tafeln noch einmal die geschichtliche Entwicklung des Ortes in Erinnerung. Dabei erfährt man unter anderem, dass seit dem Hochmittelalter das Mainzer St. Albanskloster größter Grundbesitzer im Dorf war. 1419 erhielt das Kloster den Status eines Ritterstifts und errichtete 1608 das heutige alte Rathaus als Gerichtsgebäude, das zu den schönsten Fachwerkbauten Rheinhessens zählt. Vom jüdischen Friedhof blickt man hinüber zum ehemaligen Reichsritterstift, dem Ausgangspunkt der Wanderroute.

6 | Weinlehrpfad Gau-Bickelheim

Auf halbem Weg zur Mündung in die Nahe bei Grolsheim passiert der Wiesbach die Gemeinde Gau-Bickelheim. Sie bildet die nördliche Grenze der „Rheinhessischen Schweiz", die bereits 1941 als Naherholungsgebiet ausgewiesen wurde. In ihr wird die Region, anders als im übrigen Rheinhessen, nicht vom Wein allein geprägt. Wälder, Wiesen und tief eingeschnittene Täler mit Mühlen entlang der Bäche verleihen dem gesamten Gebiet ein romantisches Gepräge. Namen wie „Oswaldhöhe" und „Teufelsrutsch" verraten etwas von der Vielfalt der Landschaft. Die Weine, die hier wachsen, sind zum Teil durch die besondere geologische Eigenart (Ausläufer des nordpfälzischen Berglandes) geprägt. Gau-Bickelheim ist Sitz der überregionalen Genossenschaft „Rheinhessen Winzer".

Der Ort liegt zu Füßen des Wißberges, mit 271 Metern die zweithöchste Erhebung in Rheinhessen. Der Tafelberg fällt nach allen Seiten so steil ab, dass die Hänge schon mehrfach abrutschten. Kurz unterhalb des Gipfelplateaus steht das Wahrzeichen des Ortes, die Kreuzkirche. Sie ist noch heute ein beliebter Wallfahrtsort. Auf dem Plateau wird seit Beginn der 90er Jahre auf dem ehemaligen Hof Wißberg, der inzwischen ein Golf-Hotel ist, abgeschlagen und geputtet. Sehenswert sind der Dorfplatz im Ortskern sowie die Ehrensäule, ein acht Meter hoher Obelisk mit Ortsinschriften am Verkehrskreisel vor der Straßengabelung nach Wöllstein-Bingen.

Startpunkt: Parkplatz an Bahnhaltestelle der Linie Bingen-Alzey
Markierung: R 36
Länge: 3 Kilometer, nicht durchgehend befestigt
Gesamtdauer: etwa 90 Minuten

Zweckverband Erholungsgebiet Rheinhessische Schweiz
Bahnhofstraße 10, 55597 Wöllstein
Telefon: 0 67 03 / 302 - 0, Fax: 0 67 03 / 302 - 14
info@vg-woellstein.org, www.woellstein.de

→ Wein- und Sonnenblumenfest am 3. Wochenende im Juli

R H E I N H E S S E N

Wallfahrer auf dem Wißberg

Historiker vermuten, dass auf dem Wißberg möglicherweise der Ursprung von Gau-Bickelheim stand, eine steinzeitliche Dorfanlage von 5000 bis 2000 v.Chr. Nach Kelten und Römern übernahmen um 500 n.Chr. die Franken die Regentschaft. Von dem Franken Becchilo soll der Ort auch seinen Namen haben: Bekilenheim. Mittelpunkt des Dorfes ist der „Römer", ein schön hergerichteter Dorfplatz um Dorfkreuz und Kriegerdenkmal.

Am Start des Weinlehrpfades, der die gleiche Strecke nutzt wie der Pilgerweg hinauf zur **Kreuzkirche**, wird auf einer großen Infotafel das Hohe Lied auf die Winzer gesungen. Zudem erklärt die Tafel die Besonderheit der Weine vom Wißberg, der mit seiner sonnigen Südlage gute klimatische Bedingungen für das Wachstum der Reben bietet. Neben der Infotafel stehen eine alte Kelter und zwei Ackerpflüge, ebenso sind Ruhebänke aufgestellt. Der Spaziergang folgt der Markierung „R 36", einem der vielen beschilderten Rundwege im Erholungsgebiet der Rheinhessischen Schweiz.

Vom Start ist das Ziel des Lehrpfades schon klar auszumachen: die **Kreuzkirche** knapp unterhalb des Plateaus am **Wißberg**. Bis

Kreuzweg-Station mit Blick auf die Kreuzkirche

dort hinauf stehen entlang der aspaltierten Weinbergstraße insgesamt 14 Kreuzwegstationen, die das Leid Christi symbolisieren. Dazwischen eingestreut sind 13 Rebsortenschilder mit kurzen Erläuterungen zu Riesling, Silvaner, Dornfelder, Chardonnay, Ortega, Kerner, Blauer Portugieser, Blauer Spätburgunder, Regent, Bacchus, Scheurebe, Morio Muskat und Grauburgunder.

So erreicht man im ständigen Anstieg das weithin sichtbare Gotteshaus (30 Minuten ab Infotafel). Es steht in einer Ackerflur, die der Oberschultheiß Johann Jakob Hees 1755 für den Bau der ersten Kreuzkapelle zur Verfügung stellte. In den Wirren der französischen Revolution wurde die Kapelle zerstört, im 19. Jahrhundert dann wieder neu errichtet. Nach 1890 musste sie schließlich endgültig abgerissen werden, nachdem sie durch mehrere Erdrutschungen baufällig geworden war. Doch die Einheimischen wollten ihre Kapelle wieder haben und richteten sie von 1906 bis 1911 erneut auf. Vor der Kirche prangt eine zweite große Infotafel, die das Ende des Lehrpfades markiert und noch einmal kurz die Lagen der Gau-Bickelheimer Gemarkung in Erinnerung ruft.

Wer will, kann nun umdrehen und in den Ort zurückschlendern. Lohnender ist es, noch ein Stück Weg dranzuhängen. An der **Kreuzkirche** vorbei geht es weiter aufwärts. Die Weinbergstraße macht unterhalb des **Golf-Hotels Rheinhessen** eine Linkskehre und steigt weiter an, ihr Belag geht schon bald von Ashalt in steinernes Pflaster über. So gelangt man zum einem Wegedreieck auf dem breiten Plateau des **Wißberges** (15 Minuten ab Kapelle).

RHEINHESSEN

Oben zieht ein Weg scharf nach rechts zum ehemaligen Hof Wißberg (Golf-Hotel). Der „R 36" indes läuft geradeaus entlang der oberen Geländekante und einem Naturschutz-Feldgehölz bis zu einem Hochstand und weiter zu einem Feldgehölzstreifen, vor dem ein Querweg entlangläuft. Hier biegt man mit dem „R 36" nach links ein und wandert etwa 200 Meter steil bergab bis zum zweiten Weg, der nach links in Richtung **Kreuzkirche** ausschert. Auf diesem leicht absteigend im Vorderhang des **Wißberges** zurück zum Kreuzweg, den man bei Station IX wieder erreicht (30 Minuten ab Aussichtsbank Wißberg). Nun in zehn Minuten auf bekanntem Weg zum Ausgangspunkt an der Bahnlinie zurück.

Kreuzkirche

7 | Weinlehrpfad Gundersheim

Wer auf der Autobahn 61 von Alzey aus in Richtung Süden fährt, dem ist wahrscheinlich irgendwann einmal der „Höllenbrand" ins Auge gefallen, der in großen Lettern links aus den Weinbergszeilen ragt. Die mäßig geneigte Südlage gehört zum kleinen Ort Gundersheim (Verbandsgemeinde Westhofen), der durch die Autobahn von seiner berühmten Lage getrennt wird. Die zweite Lage des Ortes, der nicht minder bekannte „Königstuhl", umschließt das schmucke Dorf auf der südlichen Seite der A 61.

Mit Stolz nennt sich Gundersheim „ältester und größter Rotweinort des Wonnegaus". Das Ortswappen zeigt einen Karst und zwei Trauben mit Rebblättern. Weinbau wird hier nachweislich seit 769 betrieben. Von den 270 Hektar Rebfläche sind 112 mit roten Sorten bestockt. Sehenswert sind neben den beiden Kirchen (die katholische stammt aus dem Jahr 1492, die evangelische von 1726) die Reste der alten, starken Wehrmauer zwischen den beiden Gotteshäusern. Von der Mauer reichten früher unterirdische Gänge bis in das Dorf; Teile davon werden noch heute als Weinkeller genutzt. Der Ort wurde mehrfach prämiert und erhielt 1998 die Auszeichnung „Schönstes Weindorf" im Landkreis Alzey-Worms. Aus Gundersheim stammt die Familie des Atomforschers und Nobelpreisträgers Professor Otto Hahn.

Startpunkt: Parkplatz an Autobahnabfahrt
Markierung: Traube
Länge: 2,2 Kilometer, Rundweg, unbefestigt
Gesamtdauer: 60 Minuten

Verbandsgemeinde Westhofen
Wormser Straße 23, 67593 Westhofen
Telefon: 0 62 44 / 59 08 - 0, Fax: 0 62 44 / 59 08 - 51
post@vg-westhofen.de
www.vg-westhofen.de

➜ „Weinwandern im Höllenbrand" an Christi Himmelfahrt, Rotweinkerb am 4. August-Wochenende.

RHEINHESSEN

Teuflische Weine im Höllenbrand

Um zum Ausgangspunkt des Weinlehrpfades im **Höllenbrand** zu gelangen, sollte man am ausgewiesenen Parkplatz in Nähe der Autobahnabfahrt starten (A 61, Abfahrt Gundersheim, 100 Meter nach links Richtung **Gundersheim**, an Abzweig in den Ort links dem Schild zum nahen Parkplatz nach rechts folgen). Vom Parkplatz aus führt ein asphaltierter Weg zunächst parallel zur Autobahn bis zur Unterführung. Nach dem Durchlass weist ein Holzschild mit der Traube nach links auf einen Feldweg zum Fassboden am Startpunkt des Weinlehrpfades (5 Minuten ab Parkplatz).

Von der Info-Tafel am Beginn des Lehrpfades führt der Weg nach halbrechts leicht aufwärts direkt in die Weinbergsgemarkung hinein. Gleich zu Beginn informiert ein Schild über den Grauen Burgunder. Im steten Anstieg auf dem Feldweg passiert man bis zum Ruheplatz oberhalb des Lindenbrunnens nacheinander mehrere Schilder. Es beginnt mit dem Blauen Portugieser, einer traditionellen Gundersheimer Rebe, die den Ruf der heimischen Weine maßgeblich mitbegründet hat. Das nächste Schild stellt den König der Rotweinreben vor, den Blauen Spätburgunder. Kurz darauf folgt der Chardonnay. Beim Kerner lädt die erste Ruhebank zum Innehalten ein. Nun folgt noch der Dornfelder, bevor man am **Lindenbrunnen** anlangt (20 Minuten ab Start).

Fassboden am Beginn des Lehrpfades

Ein Gedicht des Gundersheimer Heimatdichters Ferdinand Schwabenland (1895-1979), das auf dem großen Fassboden unter einer Linde geschrieben steht, singt das Hohe Lied auf die bekannte Weinlage. Der Brunnen selbst ist schmucklos gefasst. 50 Meter oberhalb haben die Winzer eine kleine Aussichtsplattform aufgeschüttet, auf der eine Sitzgruppe und ein Holzfass stehen. Von hier reicht der Blick bei klarer Sicht vom Pfälzer Wald im Westen über den gesamten Wonnegau hinweg bis hinüber ins Rheintal und zum Odenwald im Osten.

Wenn man sich satt gesehen hat, folgt man dem Lehrpfad in voriger Richtung weiter leicht aufwärts und erreicht das Schild „Grüner Silvaner". Am folgenden Wegetreffpunkt weist die Markierung nach links und leitet noch ein Stück weiter bergan direkt auf den hohen Mast einer Überlandleitung zu. In seiner Nähe wird der höchste Punkt des Lehrpfades erreicht (15 Minuten ab Lindenbrunnen).

Zu Füßen des Mastes steht ein steinerner runder Unterstand mit einer gemauerten Sitzreihe im Innern. Neben dem Gemarkungshäuschen informiert erneut ein Schild über die Merkmale des Blauen Portugiesers. Der Pfad biegt nach links ab und leitet bergab auf den markanten kleinen Ausguck im Höllenbrand zu. Dort preist ein als Weinglas stilisiertes Schild die Vorzüge der Gundersheimer Weine, sie seien einfach „teuflisch" gut.

Vor dem kleinen Feldgehölz wenige Meter weiter lädt eine Ruhebank erneut zur Rast. Die Aussicht ist ähnlich umfassend wie zuvor.

Nun geht es auf dem s-förmig geschwungenen Feldweg an der nächsten Ruhebank vorbei abwärts auf die unterste Terrasse des Höllenbrands. Dort passiert die Route ein kleines Trullo, eines jener charakteristischen Rundhäuser, die es (außer in Italien) nur in Rheinhessen häufiger gibt. Dort informiert ein Schild über die Huxelrebe. Kurz darauf stellt das nächste Schild den Riesling vor. Es folgen im Abstieg Informationstafeln zum Blauen Spätburgunder und zum Merlot Noir. Die letzte Tafel des Lehrpfades steht schon fast am Ausgangspunkt: Morio Muskat. Nun ist es nur noch ein kurzes Stück hinab zum großen Fassboden am Beginn des Lehrpfades (15 Minuten ab Unterstand am Mast).

Von hier in fünf Minuten zum Parkplatz zurück. Man sollte es nicht versäumen, entweder zu Fuß oder mit dem Fahrzeug in den Ort zu gelangen und den schmucken Dorfkern mit seinen Winzerhöfen kennen zu lernen.

Fassboden mit Gedicht am Lindenbrunnen

8 | Weinlehrpfad Guntersblum

Raritäten-Cabinet

An der alten Römerstraße zwischen Worms und Mainz liegt der zwar urkundlich erst im 13. Jahrhundert erwähnte, sicher aber wesentlich ältere Ort Guntersblum. Die gleichnamige Verbandsgemeinde umfasst heute neun Ortschaften: Dolgesheim, Dorn-Dürkheim, Eimsheim, Guntersblum, Hillesheim, Ludwigshöhe, Uelversheim, Weinolsheim und Wintersheim. Ihren Namen verdanken die Guntersblumer dem Burgunderkönig Gunther, der den Ort vor 1500 Jahren „meine Blume" nannte. Sehenswert sind die evangelische Kirche aus dem 12. Jahrhundert mit den unterschiedlichen doppelten Türmen und einer Stumm-Orgel von 1765 im Innern, das Alte Schloss (Sitz der Verbandsgemeinde) sowie das Neue Schloss (in Privatbesitz) und das barocke Deutschordenshaus. Besondere Aufmerksamkeit verdient die berühmteste Straße des Ortes, der Kellerweg.

Hier, an der Abbruchkante zum Rheintal, gab es früher ungezählte Hohlwege in der Gemarkung. Sie wurden während der Flurbereinigung häufig beseitigt oder einseitig „aufgeschlitzt", um die Anbauflächen zu terrassieren und besser bewirtschaften zu können. Kleine Reststücke dieser Hohlwege sind noch erhalten, im südlich gelegenen Alsheim (siehe dort) werden sie sogar wieder instand gesetzt und touristisch genutzt.

Startpunkt: Nördliches Ende des Kellerweges
Markierung: keine
Länge: 2,5 Kilometer (inkl. Kellerweg), nicht durchgehend befestigt
Gesamtdauer: 60 Minuten

Informationen: Verkehrsverein
Römerstraße 7, 67583 Guntersblum
Telefon: 0 62 49 / 75 52
gabi.schwenderling@t-online.de
www.guntersblum.de

➜ Kellerwegfest am 3. und 4. August-Wochenende

Die Hohl, der Himmel und tiefe Gewölbekeller

Die Weinbaugemeinde Guntersblum verdankt ihre Bekanntheit vor allem dem Kellerweg: eine etwa einen Kilometer lange Straße, die sich höhengleich am halben Hang entlangzieht. Im tiefer gelegenen Dorf konnte wegen des hohen Grundwasserspiegels nicht genügend Kellerraum geschaffen werden. Daher gruben die Winzer Keller waagrecht in den Hang. Bereits 1831 wurden 25 solche abseits der Weinhöfe liegenden Keller gezählt, heute sind es mehr als 100. Über den Kellern errichteten die Winzer Kelterhäuser und Wirtschaftsgebäude, später auch große Wohnhäuser.

Damals wurden die so genannten „Keller-Gastfreundschaften" benachbarter Winzer begründet. Die Zusammenkünfte „dauern so lange", verriet Johann Philipp Bronner 1834 in einer Darstellung des Weinbaus in Rheinhessen, „bis die liebe Sonne die Winzer an ihre Frühlingsarbeiten ruft und somit den Taumel des Winzers verscheucht". Die geselligen Treffen bildeten die Grundlage für das Kellerwegfest, das die Guntersblumer seit 1964 jeweils zwei Wochenenden im August feiern.

Die Guntersblumer haben oberhalb des **Kellerweges** entlang der Rheinterrasse einen Weinlehrpfad beschildert, der auf kurzer Strecke

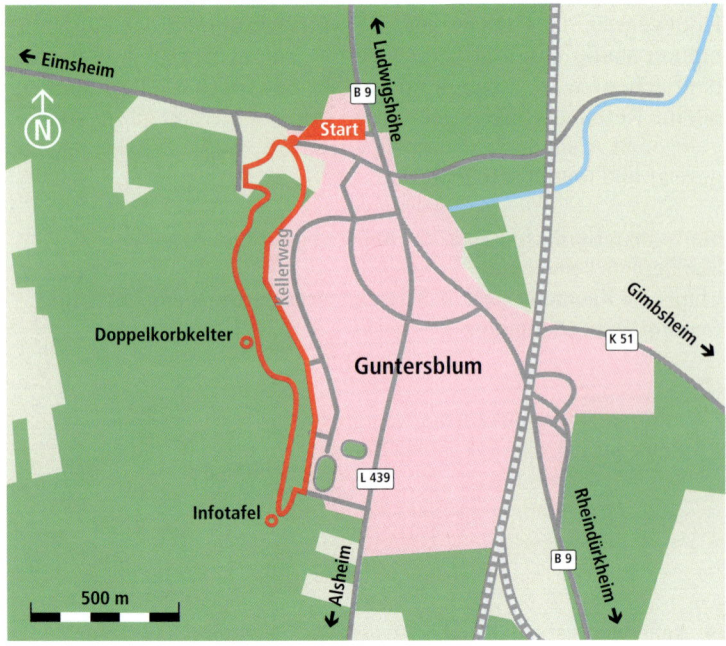

Ist das Häuschen noch so klein, ein Tor führt in den Keller rein.

unterschiedliche Rebsorten vorstellt und die Vorzüge der Flurbereinigung preist. Zur ersten großen Infotafel mit einer Übersicht über die Wanderwege in der Gemarkung sowie die Flurbereinigung gelangt man vom nördlichen Ende des „Kellerweges" an der „Eimsheimer Straße" aus. Beim Weingut Dr. Schnell geht es zunächst die **Wintersheimer Hohl** hinauf. Vom Ende des Hohlweges sind es auf einem unbefestigten Weg nur knapp 100 Meter zur großen Übersichtstafel (Flurbereinigung Projekt II).

Nun 50 Meter nach links hinab zum Querweg an der Hangkante, wo das erste Schild die Merkmale der Scheurebe kurz vorstellt. Dort nach rechts an einer Ruhebank vorbei zum Lehrweinberg, in dem 72

Die Ruhebank an der Doppelkorbkelter lädt zur Rast.

verschiedene Sorten von „Agostenga Rosa" bis zum „Würzer" gepflanzt sind. Jede einzelne Sorte ist auf einer der beiden großen Infotafeln nach Name, Sorte und Herkunft aufgelistet. Eine weitere Übersicht nennt große Rebzuchtanstalten im deutschsprachigen Raum – Alzey, Freiburg, Geilweilerhof, Geisenheim, Weinsberg und Würzburg – sowie im österreichischen Klosterneuburg.

Nach weiteren 100 Metern geht der unbefestigte Weg in einen Asphaltweg über. Es folgen Schilder mit Erläuterungen zu Müller-Thurgau und Weißer Burgunder, bevor eine Doppelkorbkelter aus der Wormser Maschinenfabrik Friedrich Horn in der Gemarkung auftaucht (Ruhebank).

Weiter geht es auf dem linken Sträßchen leicht abwärts zur großen Infotafel „Flurbereinigung Projekt I". Danach weiter in voriger Richtung kurz hinauf und an den Schildern Faberrebe, Ortega und Kerner vorbei zur rustikalen Feldscheuer (Ruhebänke) mit einem alten Ladfass daneben. Es folgen Rebsortenschilder mit Erläuterungen zu Gewürztraminer, Riesling und Silvaner, bevor der Weinlehrpfad an der letzten großen Infotafel (Übersicht über Wanderwege, wie Infotafel am Beginn) endet. Nun kurz hinab zum Ruheplatz mit kleinem Froschteich neben dem Sportplatz, wo man in der kleinen Rundhütte eine Pause einlegen kann (40 Minuten ab Start).

Der Feldweg oberhalb des Sportplatzes führt direkt zu den ersten Häusern „Im Himmeltal", an dessen Ende der **Kellerweg** beginnt. Nun auf der Guntersblumer Festmeile entlang der idyllischen Häuserfassaden mit ihren markanten Kellereingängen zum Ausgangspunkt zurück.

9 | Weinlehrpfad Ingelheim

Die Talmulde der Selz, die bei Ingelheim in den Rhein mündet, war schon in früher Zeit ein begehrter Siedlungsplatz. Zahlreiche Funde, unter anderem die Reste einer acht Kilometer langen Wasserleitung, zeugen von der günstigen Lage. Die erkannte auch Karl der Große, der Ende des 8. und Anfang des 9. Jahrhunderts die Kaiserpfalz errichten ließ. Für die Ottonen und Salier war Ingelheim gleichermaßen ein wichtiger Ort des Reiches. Unter Kaiser Friedrich Barbarossa wurde die Pfalz erweitert und befestigt. Heute sind nur noch Reste der gewaltigen Anlage zu besichtigen. Sehenswert sind auch die Burgkirche sowie Teile der doppelten Wehrmauer in Ober-Ingelheim. Dort finden im Sommer Theateraufführungen und ein mittelalterliches Spektakulum statt. Bekanntester Sohn der Stadt ist Sebastian Münster, Theologe, Geograph und Historiker; sein Porträt zierte einst den 100-Mark-Schein.

Einer Sage zufolge verfügte Karl der Große die Anpflanzung der Burgunderrebe unweit der Ingelheimer Pfalz und begründete damit den Ruf Ingelheims als Rotweinstadt. Über den Wein hinaus ist Ingelheim als Spargel-Spezialist sowie als einer der größten Kirschen-Umschlagplätze Europas für Obst- und Gemüsebauern ein Begriff. Weltweite Beachtung findet das international forschende Pharma-Unternehmen Boehringer Ingelheim.

Startpunkt: **Hornweg am Südfriedhof**
Markierung: **Rotweintraube auf Rebblatt**
Länge: **2,5 Kilometer, teilweise nicht befestigt**
Gesamtdauer: **90 Minuten**

Stadtinformation Ingelheim
Neuer Markt 1, 55218 Ingelheim
Telefon: 0 61 32 / 782-0, Fax: 0 61 32 / 782-134
touristinformation@ingelheim.de
www.ingelheim.de

➔ **„Internationale Tage" im Mai und Juni, Ingelheimer Rotweinfest über neun Tage Ende September bis Anfang Oktober**

RHEINHESSEN

Munteres Memory-Spiel mit dem Sandhas'

Warum gedeiht um Ingelheim einer der bekanntesten Rotweine Deutschlands? Welcher vom Aussterben bedrohte Vogel ist in der Ingelheimer Gemarkung noch häufig anzutreffen? Welche berühmten Persönlichkeiten außer Karl dem Großen sind mit Ingelheim eng verbunden? Drei Fragen, deren Antworten sich entlang der im September 2002 eröffneten „Ingelheimer Weinmeile" finden lassen. Unterhaltsam, interessant und informativ führt der Wein- und Obstwanderweg durch die Ingelheimer Gemarkung. Für Kurzweil sorgt der Sandhas', der mit einem Ratespiel nicht nur die Kinder unterwegs auf Trab hält.

Der Erlebnispfad um Wein, Obst, Kultur, Natur und gute Laune startet am so genannten **Langen Horn**. Die Tafel 1 skizziert den Verlauf des Weges und erklärt, was es mit dem Ingelheimer Sandhas' und seinem Wissensdurst auf sich hat. Wer all die Fragen, die das sympathische Maskottchen unterwegs stellt, richtig beantworten kann, stößt dabei auf eine Rebsorte, die in Ingelheim eine besondere Rolle spielt.

Die „Ingelheimer Weinmeile" steigt zunächst auf dem gepflasterten Wirtschaftsweg bis zur Tafel 6 stetig bergan. Dabei erfährt man einiges über den Lebensraum Weinberg, die Arbeiten im Weinberg, rote Reben und die Zusammenhänge zwischen Geologie und

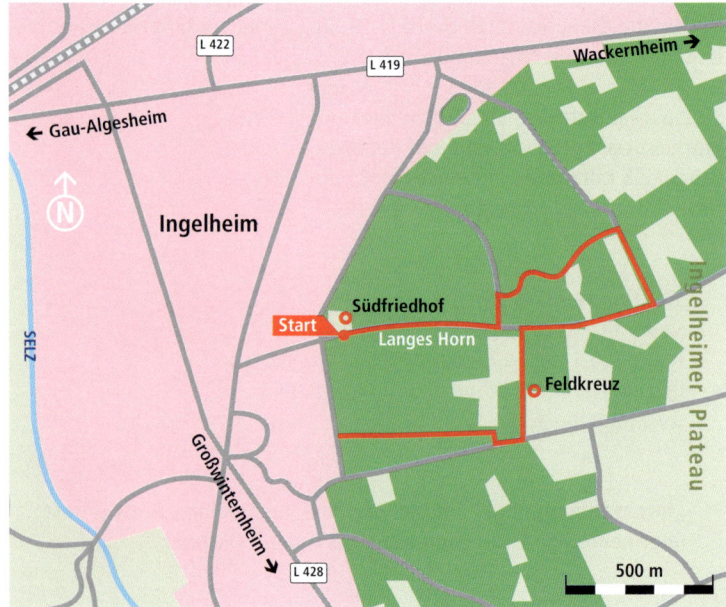

Infotafel am Weinberg

Klima. Spätestens an Tafel 6 wenden die Weinwanderer ihre Aufmerksamkeit erstmals von den Reben nach rückwärts und genießen den Blick über Ingelheim. Die Burgkirche, der Bismarckturm, die Remigiuskirche und die Kaiserpfalz, dahinter das Band des Rheins und jenseits des Stromes die Weinberge des Rheingaus sowie die Höhenrücken des Taunus – es lohnt, hier eine Weile inne zu halten.

Nun knickt die Weinmeile kurz nach links ab und führt auf der Route des **Kaiserpfalzweges** etwa 100 Meter in Richtung Mainz, bevor die Markierung nach rechts weist. Man umläuft das frei stehende Haus und wandert weiter in die Feldgemarkung hinein. Hier auf dem Ingelheimer Plateau wechseln Weinberge und Obstbaumfelder einander ab. So erreicht man bald Tafel 7, auf der Karls Geschichten erzählt werden.

Wenige Meter später trifft die Weinmeile erneut auf den Kaiserpfalzweg, dem sie nach rechts folgt. Auf dem Plateau geht es knapp 200 Meter in Richtung Süden, bevor die Weinmeile nach rechts abknickt und bergab leitet. Tafel 8 ist dem Ingelheimer Obstbau gewidmet, Tafel 9 der Weinbereitung früher und heute. Nun biegt die Weinmeile nach links auf einen unbefestigten Feldweg ein, der zu einer Sitzgruppe mit einem künstlerisch gestalteten Feldkreuz führt.

Munterer Sandhas´

Nicht weit entfernt ist eine alte Kelter auf der Wiese errichtet. Hier mündet die Wein-

Die Infotafeln entlang der „Weinmeile" vermitteln nicht nur Weinwissen.

meile auf eine Weinbergstraße ein, der sie kurz nach rechts folgt. Nun erneut nach rechts und gleich wieder nach links. Der unbefestigte Wingertsweg leitet im Abstieg zur Tafel 10. Die widmet sich den weißen Reben. Tafel 11 einige Meter unterhalb schließlich rückt Kulinarisches, Kunst und Kultur in den Mittelpunkt. Ein Rezept (Kartoffelauflauf mit Leberwurst und geräuchertem Schweinefilet) lässt schon langsam das Wasser im Mund zusammenlaufen. Nun sind es nur noch wenige Meter bis zur Tafel 12, auf der sich die Winzer und Landwirte bei den Weinmeilen-Wanderern bedanken. Neben dem Schaubild entdecken die Kinder einen Briefkasten, in den sie das Lösungswort auf die Fragen des Sandhasen einwerfen können.

Die Verbandsgemeinde Nieder-Olm, 1972 aus acht Gemeinden gebildet, liegt inmitten des rheinhessischen Hügellandes im Tal der Selz. Zur Kommune gehören neben Nieder-Olm noch Essenheim, Jugenheim, Klein-Winternheim, Ober-Olm, Stadecken-Elsheim, Sörgenloch und Zornheim. In allen Ortsteilen weisen Bau- und Kulturdenkmäler auf das Leben in vergangenen Jahrhunderten hin. Zu ihnen zählen vor allem die Kirchen in den Gemeinden sowie die ehemalige Burg in Stadecken.

Das Weindorf Jugenheim wird auf drei Seiten von Rebhängen umschlossen und ist nur zum Saubachtal hin offen. Der Ort, 767 erstmals erwähnt, gelangte Ende des 14. Jahrhunderts durch Heirat zum Hause Nassau-Saarbrücken und wurde mit der Reformation evangelisch. Während des Mittelalters war der Ort Gerichts- und Verwaltungssitz der Grafen von Nassau-Saarbrücken. Die evangelische Martinskirche, deren Turm weithin sichtbar über die Dächer des Dorfes herausragt, war mit ihren 1000 Sitzplätzen über lange Zeit Mittelpunkt des lutherischen Glaubens in den rheinhessischen Gemeinden. Das Innere des Gotteshauses bietet eine Besonderheit: Der einschiffige Saal ist quer ausgerichtet. Die Bänke sowie die in Hufeisenform angelegten Emporen gruppieren sich um den Kanzelaltar. Zeugen der bedeutenden Vergangenheit sind auch das älteste Haus im Dorf (Ecke Kirch- und Hauptstraße), das Amtshaus und Teile der ehemaligen Wehrmauer um die Kirche.

Startpunkt: Infotafel oberhalb der Martinskirche
Markierung: keine
Länge: 2,6 Kilometer, Variante 4,3 Kilometer, durchgehend befestigt
Gesamtdauer: 60 Minuten, Variante 30 Minuten länger

Verbandsgemeinde, Pariser Straße 110, 55268 Nieder-Olm
Telefon: 0 61 36 / 69-0, Fax: 0 61 36 / 69-210
rathaus@vg-nieder-olm.de
www.vg-nieder-olm.de oder
www.jugenheim-rheinhessen.de

→ Jugenheimer Weinkerb am Wochenende um den 2. Sonntag im September mit Weinwanderung am Sonntag

Weißer Turm im grün-goldenen Rebenmeer

In der 170 Hektar großen Weinbergsgemarkung haben die Jugenheimer einen Lehrpfad angelegt. Man startet die Wanderung am Marktplatz mit der Gedenksäule. In der „Kirchgasse" geht es kurz aufwärts zur evangelischen **Martinskirche**. Weithin sichtbar ragt ihr Turm aus der Ortslage heraus.

Beim Übergang in die Gemarkung stößt man auf eine große Infotafel, die den Beginn des Lehrpfades markiert. Auf ihr werden die Lagen des Weinortes und die wichtigsten Rebsorten kurz erklärt. Eine kleine Skizze zeigt den Verlauf des Lehrpfades (kleiner Rundweg) und eines zweiten, längeren Rundweges.

Der schmucke „Weiße Turm" am Goldberg

R H E I N H E S S E N

Alte Kelter im Ortskern

Am Querweg oberhalb der Pferdekoppel zieht der Weg nach links auf einem gepflasterten Weg den **Goldberg** hinauf. Bis zum nächsten Ziel, der Kammlinie des Geländes, passiert man mehrere schlicht gestaltete Rebsortenschilder (Blauer Portugieser, Kerner, Riesling) sowie zwei Ruhebänke. So erreicht man das Gemarkungsplateau, wo der Weg nach rechts abknickt (30 Minuten ab Marktplatz).

Nun geht es auf der Höhe entlang im **Goldberg** direkt auf den **Weißen Turm** zu, der schon zu Beginn ins Auge fiel. Nacheinander präsentiert der Pfad dabei die Schilder zu den Sorten Huxelrebe, Dunkelfelder, Grüner Silvaner, Müller Thurgau und Faber.

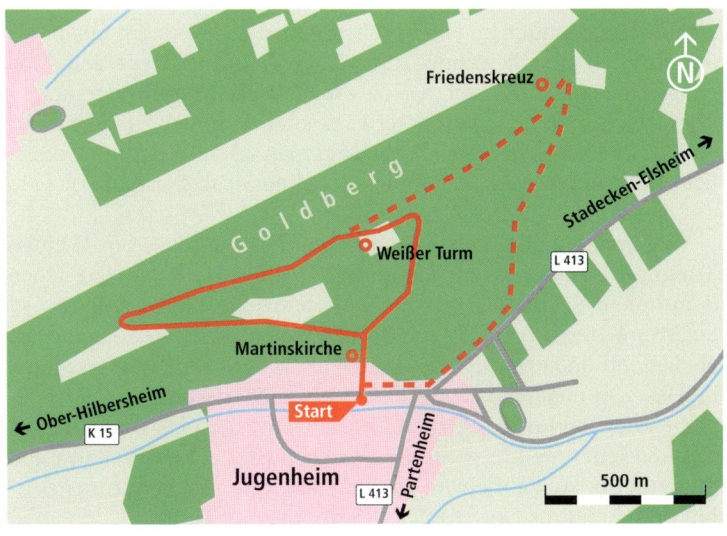

Blick vom „Weißen Turm" auf Jugenheim

So erreicht man schließlich den **Weißen Turm** am **Goldberg** (15 Minuten ab Erreichen der Kammlinie). Im Volksmund heißt er auch der „Schicke Turm", denn er wurde errichtet, als der spätere Landrat Schick Bürgermeister der Gemeinde war. Das schmucke, mit Zinnen bewehrte Türmchen ist über eine Außenleiter leicht zu besteigen. Der Blick reicht weit ins rheinhessische Hügelland hinein und hinüber zu den Hängen, hinter denen sich das Rheintal verbirgt.

Wer sich an der Landschaft satt gesehen hat, steht vor der Wahl: entweder auf dem Weinlehrpfad auf direktem Weg direkt ins Dorf zurück oder auf größerer Runde zum **Friedenskreuz**. Wer sich für den Lehrpfad entscheidet, hält sich vor dem Turm halbrechts und wandert gemächlich zu einer großen Kehre im Weinberg hinab, wo das Sträßchen sich wendet und im Abstieg direkt auf den Ausgangspunkt zuläuft. Bevor man die evangelische **Martinskirche** wieder erreicht, passiert man unterwegs noch Schilder zum Spätburgunder und zur Scheurebe. So gelangt man schließlich zum Gotteshaus und zum Marktplatz zurück (15 Minuten ab Turm).

Wer noch einen Schlenker anhängen möchte, läuft am **Weißen Turm** geradeaus auf dem Kamm weiter zum **Friedenskreuz** neben dem hohen Sendemast (Ruhebänke, herrliche Sicht). Von da auf einem unbefestigten Feldweg 50 Meter weiter geradeaus, dann scharf nach rechts und unterhalb des **Friedenskreuzes** zum **Schützenhaus** im Hasensprung (Ruhebank). Eine Tafel nennt die elsässische Patengemeinde Oberhoffen. Ab dem Häuschen ist der Weg wieder befestigt und leitet hinab zur Straße zwischen **Stadecken-Elsheim** und **Jugenheim**. Nun auf einem parallelen Feldweg entlang zum Friedhof und direkt ins Dorf zurück (45 Minuten ab Turm).

11 | Weinlehrpfad
Mörstadt

Wein und Wonnegau - zwei Namen, die nicht nur wegen des gleichen Anlautes so wohltuend von der Zunge gehen. Der Wonnegau bezeichnet den Teil des rheinhessischen Hügellandes, der sich nordwestlich von Worms bis südlich von Alzey erstreckt. Der Name hat nichts mit den Wonnen zu tun, auf die man sich hier freut, sondern leitet sich ab vom Volksstamm der Vangionen, die nach den Kelten bis zu der Eroberung durch die Römer hier zu Hause waren.

Im Süden des Wonnegaus haben sich mehrere Ortschaften der Verbandsgemeinde Monsheim angeschlossen. Dazu zählen Flörsheim-Dalsheim, Hohen-Sülzen, Mölsheim, Mörstadt, Monsheim-Kriegsheim, Offstein und Wachenheim. Auf Spaziergängen und Radtouren begegnet dem Besucher überall lebendige Geschichte. Das milde, angenehme Klima mit viel Sonne sowie der gute Boden begünstigen den Anbau von erstklassigem Wein, saftigen Zuckerrüben und prächtigem Getreide.

Die Weinbaugemeinde Mörstadt im Nordosten des südlichen Wonnegaus ist den meisten Autofahrern nur als Abfahrt in Richtung des rheinhessischen Vorzeige-Weinortes Flörsheim-Dalsheim bekannt. Sehenswert ist der alte Dorfkern mit seinen Bauern- und Winzergehöften. In der großen Dorfkirche (erbaut 1670) findet der Kenner ein Schmuckstück: die 200 Jahre alte Stumm-Orgel. Wer das Dorf besucht, freut sich auch über den idyllischen Weiher (Woog) inmitten einer kleinen gepflegten Anlage am Rand des Dorfes.

Startpunkt: Große Tafel an Straßengabel Mörstadt / Pfeddersheim
Markierung: keine
Länge: 1,8 / 3 Kilometer, nicht durchgehend befestigt
Gesamtdauer: 75 Minuten

Verkehrsverein Südlicher Wonnegau e.V.
Hauptstraße 87, 67590 Monsheim
Telefon: 0 62 43 / 90 58 18, Fax: 0 62 43 / 77 38
info@suedl-wonnegau.de
www.suedl-wonnegau.de

➔ **Weinfest am Woog am 1. Wochenende im Juli**

RHEINHESSEN

Wanderung zum Wonnegauer Langgewann

Rebsortenschild

An der Straßengabel nach der Autobahnabfahrt, wo es nach links in Richtung Worms-Pfeddersheim und rechts in den Ortskern von Mörstadt hinein geht, steht links im Weinberg eine große Infotafel. Sie markiert den Ausgangspunkt für zwei Rundwege auf dem Weinlehrpfad der Mörstädter Winzer. Die kleine Runde ist 1,8 Kilometer lang, die große immerhin drei.

Von der Tafel weg folgt man dem asphaltierten Wirtschaftsweg, der parallel zur L 425 in Richtung Autobahn verläuft. Schon nach 50 Metern steht das erste Schild am Weinberg. Es erklärt die Rebsorte Kerner. Bis zur nahen Radfahrer- und Fußgängerbrücke über den Autobahnzubringer stehen noch die Schilder Müller-Thurgau und Riesling.

An der Brücke schert die Straße „Zum Grillplatz" nach halbrechts aus und führt direkt in die kleine Talmulde hinein, an deren Ende sich das dahinter liegende Gelände knapp 20 Meter aus der Ebene erhebt. Auf dem Weg dorthin passiert man das Schild Grauer Bur-

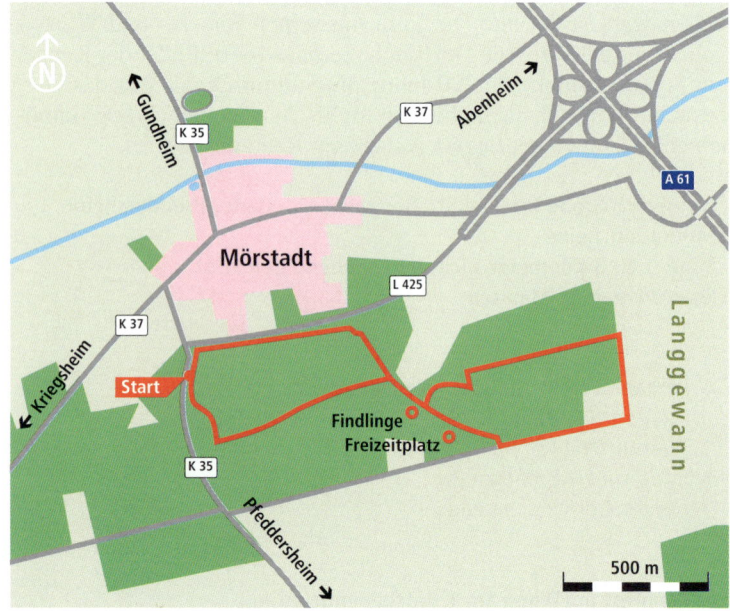

gunder. So gelangt man zum flächenhaften Naturdenkmal am Fuße der kleinen Geländekante, wo eine Ruhebank und fünf Steinfindlinge zur gemütlichen Rast einladen (15 Minuten ab Ausgangspunkt).

Hier dem Wegweiser „Rundgang" folgend auf dem Betonweg nach halblinks kurz auf die Anhöhe. An der Wegegabel 200 Meter danach ist das Plateau erreicht. Hier weist der „Rundgang" nach links und gleich wieder nach rechts auf dem Betonweg in Richtung Autobahn. Bis zum nächsten Querweg stehen die Rebsortenschilder dicht gedrängt: Huxelrebe, Würzer, Scheurebe, Portugieser, Dornfelder, Riesling (zum 2. Mal), Bacchus, Kerner (zum 2. Mal), Spätburgunder, Weißburgunder und Silvaner.

Kurz nach dem Silvaner-Schild läuft die lange Gerade an der beginnenden Feldgemarkung **Langgewann** aus. Hier biegt der Lehrpfad nach rechts ab und hält direkt auf den Wasserbehälter zu, der weiter vorn auf der Anhöhe zu sehen ist. An der Weinbergsgrenze entlang geht es über den nächsten Abzweig hinweg, bis der Betonweg einen Bogen nach rechts beschreibt und in die Weinberge zurückführt. Nun stehen nacheinander die Schilder Regent und Morio-Muskat.

Beim folgenden Querweg heißt es, dem Schild „Rundgang" nach rechts folgen und gleich wieder halblinks in das flächenhafte Naturdenkmal hinein, das man schon von vorhin kennt. Der kleine Hohl-

Infotafel am Beginn des Lehrpfades

weg, der die Geländekante überwindet, führt hinab zum verborgenen Freizeitplatz von Mörstadt, der sich idyllisch in Büsche und Hecken einfügt (45 Minuten ab Steinfindlingen, offene Grillstelle und große Unterstandhütte, mehrere Ruhebänke).

Vom Grillplatz aus führt ein kleiner Pfad direkt zum Wegetreffpunkt an den Findlingen. Von dort zunächst etwa 100 Meter in Richtung Ausgangspunkt bis zu einer kleinen Baumgruppe. Hier muss man sich entscheiden: entweder auf dem Weinlehrpfad auf der bereits bekannten Route zum Beginn zurück oder an der Baumgruppe nach links auf einem unbefestigten Feldweg in die Weinbergsgemarkung hinein.

Neues erfährt man auf diesem Teilstück kaum; nur die Schilder „Cabernet Dorsa" sowie „St. Laurent" kennt man noch nicht. Die übrigen Rebsortenschilder (Dornfelder, Regent, Spätburgunder, Portugieser, Silvaner und Scheurebe) stehen auch auf der großen Schleife. So gelangt man in die Nähe der Straße von **Mörstadt** nach **Worms-Pfeddersheim**, wo der Rundweg nach rechts abbiegt und schließlich an der großen Infotafel ausläuft (15 Minuten ab Freizeitgelände).

12 | Weinwanderweg Nierstein

Römischen Inschriften zufolge war das keltische Nierstein die einzige Straßenstation zwischen Mainz und Worms. Auch der Rheinübergang am „Kornsand" festigte die Bedeutung des Ortes in historischer Zeit. Die Stadt beheimatet mit dem Sironabad die einzige erhaltene provinziale römische Badeanlage nördlich der Alpen.

Heute ist Nierstein mit 791 Hektar bestockter Rebfläche nicht nur die größte Weinbau treibende Gemeinde in Rheinhessen, sondern am gesamten Rhein. Fast sechs Millionen Rebstöcke sitzen in den Lagen Brudersberg, Glöck, Heiligenbaum, Hipping, Kranzberg, Ölbers, Orbel, Pettenthal und Schloss Schwabsburg. Grundlage der heutigen Bewirtschaftung sind die beiden großen Flurbereinigungen aus den Jahren 1911 bis 1914 und 1974 bis 1996.

Die berühmtesten Weine wachsen im Roten Hang (90 ha). Der nährstoffreiche rote Tonschiefer in den Flanken zum Rhein gibt seine Mineralien über die Wurzel an die Reben weiter, die Trauben sind damit unverkennbar vom Terroir bestimmt. Niersteiner Wein wird in Goethes Urfaust (Auerbachs Keller) ebenso gerühmt wie in Kleists „Zerbrochnem Krug". Schiller labte sich nachweislich an ihm, und auch Claudius war vom Niersteiner mehr als angetan.

Startpunkt: Bahnhof / Rheinufer
Markierung: keine, durchgehend befestigt
Länge: 10 Kilometer
Gesamtdauer: 2 Stunden, 45 Minuten

Verkehrsamt Nierstein
Bildstockstraße 10, 55283 Nierstein
Telefon: 0 61 33 / 96 05 06, Fax: 0 61 33 / 51 81
info@nierstein.de
www.nierstein.de

➜ Wein-Präsentation am Roten Hang am 2. Wochenende im Juni,
Ritter Hundt-Kerb (Weinfest) am 1. Augustwochenende,
Tage der offenen Weinkeller mit Traktorrundfahrten am
2. Septemberwochenende

RHEINHESSEN

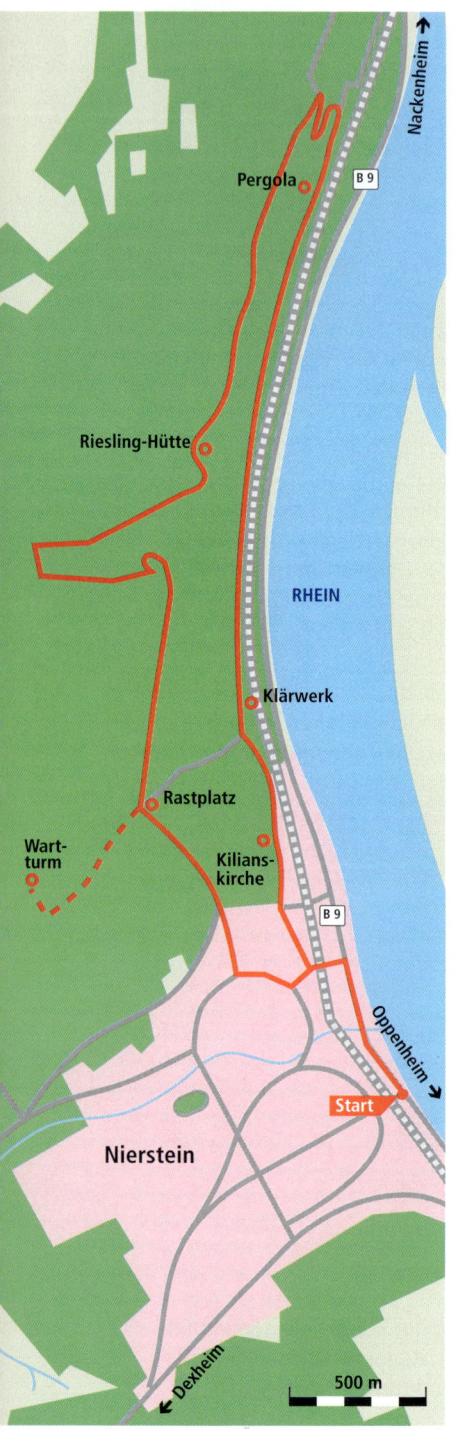

Rieslinge im Roten Hang

Man startet die Wanderung rund um den Riesling am besten am Bahnhof oder dem nahen Rheinufer. Auf der „Rheinpromenade" geht es entlang der Info-Schilder des Schifffahrts-Weges stromabwärts bis auf Höhe der DLRG-Station. Dort muss man die stark befahrene B 9 queren (Vorsicht!) und folgt den Wegweisern der Radroute in der „Rheinstraße" unter der Bahnlinie hindurch bis zum Abzweig der „Abtsgasse". Nun nach rechts in die Gasse hinein (Radweg Richtung Nackenheim), über die „Breitgasse" hinweg und auf dem gepflasterten „Kiliansweg" in die Weinbergsgemarkung. Unterhalb der **Bergkirche St. Kilian** führt der Weg zunächst bis zum Klärwerk (30 Minuten ab Bahnhof).

Nun auf dem ab hier asphaltierten Wirtschaftsweg in gleicher Richtung weiter. Dabei hat man einen schönen Blick auf den Rhein und die Kisselwörth im Strom vor Nackenheim. Der Weg, der vom Brudersberg hinabkommt, wird gequert, ebenso mehrere Flutgräben. So erreicht man schließlich eine mit Reben umrankte Pergola mit Brunnen und Sitzbänken (30 Minuten ab Klärwerk).

Hier lässt man den Rhein-Radweg nach rechts in Richtung Gleise wegziehen und wandert halblinks in den Hang hinauf. Im nahen Gebüschsaum macht der

Mit dem Traktor unterwegs im Roten Hang

Weg eine Linkskehre und läuft entgegengesetzt weiter bergan. Den nächsten Abzweig nach rechts lässt man unbeachtet und schlägt erst bei der darauf folgenden Kehre eine Kurve nach rechts. So mündet man nach weiterem Aufstieg an der Geländekante zwischen Rotem Hang und dem Plateau auf einen Wirtschaftsweg ein, dem man immer noch leicht ansteigend nach links folgt. Ab hier ist die Route ein Stück gleichlaufend mit dem linksrheinischen Rheinhöhenweg (Markierung „R"). Der Blick fasziniert: im Norden der Taunus mit der Silhouette von Frankfurt, im Osten die Hänge der Bergstraße und des Odenwaldes, im Süden das Rheintal.

Nun geht es immer in der Nähe der Geländekante entlang zu einer Wegeschere (steinerne Wanderwege-Tafel), wo man nach halblinks abbiegt und ein Stück an Höhe verliert, bevor der Weg sich niveaugleich an den **Roten Hang** lehnt. So gelangt man schließlich zu einem ausgedehnten Aussichtsplateau unter Bäumen, auf dem 2003 die **Riesling-Hütte** errichtet wurde. Fünf Sitzgruppen und die Hütte laden zur Rast und zum Schauen in die Landschaft ein (45 Minuten ab Pergola). Eine Info-Tafel gibt Hinweise auf die Besonderheiten des **Roten Hangs** und nennt die Aufteilung in Groß- und Einzellagen.

Am Aussichtspunkt wendet sich der Weg vom Rhein weg und führt in eine kleine Talmulde hinüber. Dort, wo man den Talgrund erreicht und die Straße eine Kehre zum Rhein hin macht, ist im Gebüsch ein kleiner Brunnen eingefasst. Hier nun nicht in Richtung Tal absteigen, sondern kurz hinauf zum „Riesling-Höhenweg" auf dem Plateau. Auf diesen münden wir nach links ein und biegen etwa 100

RHEINHESSEN

Meter weiter erneut nach links in Richtung Rheintal ab. Am folgenden Wegedreieck geht es nach halblinks hinab und nach einer kurzen S-Kehre (Ruhebank) in den **Roten Hang** zurück. So gelangt man zum Fahnenweg im **Ölberg**. Nun leicht abwärts bis zur nächsten Geländedelle oberhalb des Klärwerks, wo man nach rechts abbiegt und schon nach 50 Metern einen gemütlichen Rastplatz mit mehreren Ruhebänken findet. Die Winzer haben hier eine alte Kelter und einen Flurbereinigungsstein aufgestellt (45 Minuten ab Aussichtspunkt **Riesling-Hütte**).

Von hier lohnt ein zehnminütiger Spaziergang hinauf zur Niersteiner Warte, einem rekonstruierten Turm auf dem Geländeplateau. Schon im 12. Jahrhundert stand hier ein Wartturm, und wer oben anlangt, weiß sofort, warum: Von der **Niersteiner Warte** aus bietet sich ein 360-Grad-Panoramablick über Rheinhessen bis zur Pfalz und den Vogesen, zum Hunsrück und zum Taunus, nach Frankfurt und in die Rhein-Main-Ebene, die Bergstraße und den Odenwald sowie das gesamte Rheintal. Es gibt nicht viele Plätze in Rheinhessen, die ähnlich schöne Aussichten versprechen – und dies auch halten. Zurück geht es auf gleichem Weg.

Vom Ruheplatz an der Kelter ist es nicht mehr weit ins Dorf hinab. Am Brunnen am ehemaligen **Saumarkt** sowie dem ummauerten Weinberg „Niersteiner Glöck" (ältester, im Jahr 742 erstmals urkundlich erwähnter Weinberg Deutschlands) vorbei geht es zum Marktplatz mit seinen Fachwerkhäusern und dem Museum im alten Rathaus. Von dort findet man leicht zum Bahnhof sowie zum Rheinufer zurück (15 Minuten ab Ruheplatz).

Kirche
St. Kilian

13 | Weinlehrpfad Worms-Pfeddersheim

Worms ist eine der ältesten Städte Deutschlands. Im Mittelalter war es Schauplatz prunkvoller Reichstage. Viele Besucher verbinden Worms vor allem mit den Stätten und Gestalten des Nibelungenliedes. Die Festspiele und das Museum erinnern daran. Krone der Stadt ist der Dom; mit den Gotteshäusern in Mainz und Speyer ist er einer der „Kaiserdome am Rhein". Die Nibelungenstadt gehört in den Kreis der Lutherstädte, denn hier hat sich der Reformator 1521 vor dem Kaiser zu seinen Schriften bekannt und sie nicht widerrufen. Zudem ist Worms mit seinen Stadtteilen mit 1580 Hektar Rebfläche eine der größten Weinstädte Deutschlands.

„Pfeddersheim, … ein Stättlein, ein Meilwegs von Wormbs entfernt", so beschrieb Meister Merian im 17. Jahrhundert den Weinbauort im Westen von Worms. Damals war Pfeddersheim freie Reichsstadt und blickte bereits auf eine Jahrhunderte alte Geschichte zurück. Die Römer nannten die Ansiedlung „paterno villa". Paternus soll der Gründer des Ortes gewesen sein, von ihm leitet sich der heutige Name Pfeddersheim ab. 754 erwähnt Bischof Chrodegan von Metz den Weinbau in Pfeddersheim und schreibt damit die älteste heute bekannte Urkunde des Ortes. 2004 feiern nicht nur die Winzer des Weinortes die 1250-jährige Umarmung von Historie und Moderne.

Wahrzeichen des Ortes sind neben der Kirche die zehn Türme, die den historischen Dorfkern entlang der ehemaligen Stadtbefestigung umschließen, sowie die Reste der alten mittelalterlichen Mauer.

Startpunkt: Fahne im „Kreuzblick" am ehemaligen Industriepark Enzinger
Markierung: keine, Rundweg
Länge: 9 Kilometer, nicht durchgehend befestigt
Gesamtdauer: 2,5 Stunden

Ortsverwaltung
Schlossstraße 48, 67551 Worms-Pfeddersheim
Telefon: 0 62 47 / 246, Fax: 0 62 47 / 90 49 51
ov-pfeddersheim@worms.de
www.pfeddersheim.de

→ Weinbrunnen-Fest am Wochenende Ende Mai / Anfang Juni

RHEINHESSEN

Tolle Türme und farbenprächtige Fahnen

Der Weinlehrpfad ist nicht durchgehend markiert, sein Verlauf durch die Weinberge aber an den bunten Weinfahnen leicht zu verfolgen. Wer die exakte Route treffen will, sollte sich das kleine Ortsprospekt besorgen und sich die Route dort eintragen lassen.

Man startet die Tour am besten im Westen des ältesten Wormser Stadtteiles. Dorthin gelangt man vom Weinbrunnen am Rathausplatz, indem man aus dem Ort hinausläuft bis auf Höhe des ehemaligen Industrieparks Enzinger. Dort sieht man schon von weitem in den Weinbergen eine Fahne flattern, die den Beginn des Lehrpfades markiert (30 Minuten ab Rathaus).

Der Pfad führt nun in entgegengesetzter (allgemein östlicher) Richtung bis fast zur Autobahnbrücke, die das Tal der **Pfrimm** überspannt. Auf dem Weg dorthin informieren 16 Schilder (fünf davon doppelt) über traditionelle und moderne Rebsorten: Portugieser, Spätburgunder, Scheurebe, Riesling, Regent, St. Laurent, Siegerrebe, Weißer Burgunder, Dornfelder, Silvaner und Kerner. Die Route folgt zunächst dem befestigten „Breitenweg" auf den Ortsrand zu. Von den ersten Häusern sind es noch einmal knapp 200 Meter bis zum kleinen mit Reben bestandenen Hügel und zu der mit Blumen besetzten Kelter an der „Nieder Flörsheimer Straße".

Über die Straße hinweg gelangt man in die „Paternusstraße", der man bis zu den Häusern 72 und 89 folgt. Hier biegt der Lehrpfad nach links aufwärts in die Gemarkung ab. Der befestigte Weg führt

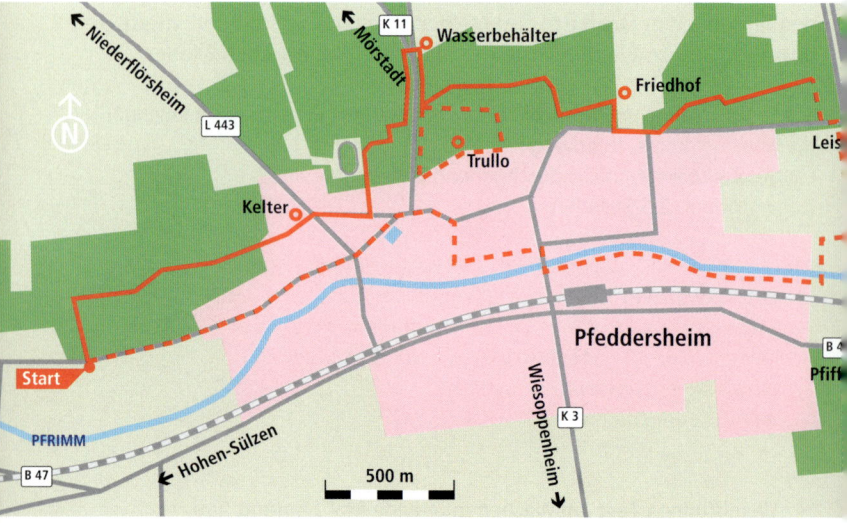

als kleiner Hohlweg in den **St. Georgenberg** hinein. Dort, wo man nach knapp 300 Metern links durch Gebüsch auf das Fußballfeld des Weinbergstadions hinabblicken kann, schert nach halbrechts ein Feldweg aus, dem man in die Wingerte folgt. Die grüne Fahne, die weiter vorn flattert, gibt nun die Richtung bis zur tief eingesenkten „Georg Scheu-Straße" vor. Nun entlang der oberen Geländekante nach links auf den Wasserbehälter zu, wo man die Straße überquert (30 Minuten ab Beginn des Lehrpfades).

Jenseits wiederum direkt an der oberen Geländekante entlang bis zur gelben Fahne. Dort kann man entweder nach links in die

Der Sprenger ist einer von zehn Türmen.

Gemarkung abbiegen und auf die Autobahnbrücke zuhalten oder einen kleinen Schlenker einfügen, der hinunter führt zur „Paterno Villa". Das ehemalige Schulgebäude beheimatet heute eine Kunstgalerie. Direkt am schmucken Ortseingang erinnert seit dem Jahr 2000 ein Gedenkstein an die Pfeddersheimer Bauernschlacht vom 23. und 24. Juni 1525, bei der mehrere tausend Bauern ihr Leben ließen. Der Hohlweg („Georg Scheu-Straße"), der aus dem Ort hinaus in Richtung Mörstadt führt, ist deswegen im Volksmund auch als „Bluthohl" bekannt. Neben dem Gedenkstein mit der aufgesetzten Silhouette der zehn Stadttürme entsteht derzeit ein Kräutergarten.

An der **Paterno Villa** wird die Straße gequert, um gegenüber am Vereinshaus der Motorradfreunde Buntschuh (Ruhebank) aufwärts in die Gemarkung zurückzugelangen. Aus der Häuserfront ragen mehrere der kleinen Stadttürme heraus, die den ehemaligen Befestigungsring markieren. Links steht im Weinberg ein kleiner **Trullo** vom Ende des 18. Jahrhunderts. Die für Rheinhessen typischen Weinbergshäuschen (Mehrzahl: Trulli) stehen in keinem anderen Weinanbaugebiet Deutschlands. Sie sind granatenartig bis bienenkorbähnlich über kreisförmigem bis leicht ovalem Grundriss errichtet und von einem kegelförmigen Kuppelgewölbe überdacht. Die auch „weiße Haisjer" genannten Unterstände wurden von lombardischen Steinmetzen errichtet, die einst in den Flonheimer Steinbrüchen arbeiteten. In Apulien findet man die gleiche Bauform. Vom kleinen Trullo aus geht es zurück zur gelben Fahne (15 Minuten für den Schlenker).

RHEINHESSEN

Nun wieder in Richtung Osten auf die Autobahnbrücke und das markante Dach der Raststätte zuhalten. Der Weg senkt sich schon bald ein kurzes Stück steil hinab in eine Wiesen-Talaue, wo man kurz nach rechts zur Koppel der Reitergruppe Pfeddersheim findet. Hier nun nach links hinüber zum Friedhof (Ruhebank). Am Friedhof geht es hinab zur „Leiselheimer Straße" und auf ihr nach links in Richtung Ortsausgang, bis nach links das Sträßchen „Hochberg" abbiegt. So gelangt man in einem leichten Bogen nach rechts in die gleichnamige Gemarkung hinein und immer in der Nähe der Leitungsmasten zur roten Fahne an einem asphaltierten Wirtschaftsweg, an dem der Weinlehrpfad endet (30 Minuten ab Wasserbehälter).

Trullo im Weinberg

Man kann nun entlang der Straße in einer knappen halben Stunde direkt zum Ausgangspunkt zurückschlendern. Schöner ist es jedoch, bis zur Autobahnbrücke zu spazieren und unter ihr zur **Pfrimm** zu laufen. Entlang des kleinen Flüsschens, das bei Sippersfeld im Stumpfwald entspringt und nach knapp 40 Kilometern im Gewerbegebiet Worms in den Rhein mündet, führt ein idyllischer Pfad mal rechts, mal links des Wasserlaufs bis zur „Weinbrunnenstraße" und zum Rathaus zurück (45 Minuten ab Ende Weinlehrpfad).

Rheingau
Wo der Rhein eine Pause einlegt

Wenn es eine Region gibt, die am ehesten mit dem Riesling in Verbindung gebracht wird, dann ist es der Rheingau: da, wo der Rhein auf seinem langen Weg nach Norden einen Knick macht, sich vor der Landschaft verbeugt. Diese Laune der Natur hat auf einem schmalen Streifen zwischen den Ufern von Rhein und Main sowie den Höhenzügen des Taunus ein Fleckchen Erde geschaffen, von dem schon früh Dichter und Denker schwärmten. Die Liste des literarischen Lobes ist lang. Fontane und Freiligrath trugen sich ein, Hölderlin und Heine, Cooper und Kleist, selbstverständlich auch Geheimrat Goethe, der ein besonderer Freund der Gegend war.

Mit gerade einmal 3200 Hektar bestockter Rebfläche steht der Rheingau im Verband der deutschen Anbaugebiete erst an achter Stelle. Was die Qualität des hier wachsenden Weines anbelangt, rangiert er jedoch unter Kennern ganz vorn. In dem mitunter mediterran geprägten Klima reifen große Weine. Die lange Vegetationsperiode, die häufig genug bis in den November hinein reicht, lässt Rieslingen und Spätburgundern genügend Zeit, vielfältige Mineralstoffe aus dem Boden aufzunehmen und zu außergewöhnlicher Qualität zu reifen.

Deshalb verwundert es kaum, dass alle heute gebräuchlichen Weinprädikate im Rheingau ihren Ursprung haben: Vom Cabinet (erste Erwähnung 1728) über die Spätlese (1775) und die Auslese (1887) bis zum Eiswein (1858) tauchen sie alle erstmals hier auf.

Leitsorte des Rheingaus ist der Riesling. Er passt nicht nur des Stabreims wegen gut zur Region. Die beste Weißweinsorte der Welt findet hier exakt die Bedingungen, die sie braucht, um große Weine hervorzubringen. Der Blaue Spätburgunder, viele Jahrhunderte auf die Schieferböden rund um Assmannshausen begrenzt und dort zu Weltruhm gereift, ist die zweite wichtige Sorte des Rheingaus.

Internationale Bedeutung für den Wein hat die Forschungsanstalt Geisenheim. Was Wissenschaftler hier erforschen, geben sie an die Studenten der angegliederten Fachhochschule für Wein-, Obst- und Gartenbau weiter. Ein Geisenheimer Diplom wird hoch geschätzt, Agrar-Ingenieure mit Geisenheimer Abschluss haben die

Entwickling der Weinwirtschaft auf dem gesamten Globus stark beeinflusst.

Das Streben nach Qualität gibt es im Rheingau nicht erst, seit die „Königlich Preußische Lehranstalt" 1872 gegründet wurde. Die Mönche der Zisterzienserabtei Kloster Eberbach schufen im Mittelalter das bedeutendste Weinhandelsunternehmen der damals bekannten Welt. Einige Jahrzehnte später griffen die Kellermeister der Schlösser Johannisberg und Vollrads die Erfahrungen der Eberbacher auf. Sie verbesserten die Anbautechniken und verfeinerten die Weinbehandlungsverfahren.

Die Erkenntnis, dass Masse kaum jemals Klasse bringen kann, wurde im Rheingau nicht nur wissenschaftlich untermauert, sondern konsequent umgesetzt. Die Rheingauer waren die ersten Winzer Deutschlands, die sich freiwillig eine scharfe Mengenbegrenzung auferlegten. Auch beim integrierten Weinbau, der besonders umweltverträglichen Form des Anbaus, haben die Rheingauer ein Vorbild gegeben. Die vorerst letzte Vorreiter-Funktion erfüllten sie bei der gesetzlich verankerten Einführung der Ersten Gewächse im Jahr 2002. Sie schufen damit ein Vorbild für die Großen Gewächse, mit denen der Verband Deutscher Prädikatsweingüter VDP inzwischen bundesweit nachgezogen hat.

Internationale Beachtung finden die großen Wein-Versteigerungen in Kloster Eberbach und auf Schloss Johannisberg. Unvergessen ist die Auktion vom 14. November 1987, als ein 1735er Johannisberger für 53.000 Mark versteigert wurde. Dieser Weltrekord für den vermutlich ältesten trinkbaren Weißwein der Welt steht noch immer. Auch in der nachfolgenden Liste der Top Ten der teuersten deutschen Weißweine sind die Rheingauer bis auf zwei Ausnahmen (Mosel-Saar-Ruwer) unter sich.

Die Region lebt allerdings nicht vom Wein allein, sondern wird auch von der Kunst geprägt. Das Rheingau Musik Festival hat sich seit den ersten Konzerten im Sommer 1988 zu einem Festival von europäischer Bedeutung entwickelt. Noch ein Jahr länger gibt es die Aufführungen der Burghofspiele Eltville, eines der großen Freilicht-Theater-Festivals Deutschlands. Dazu gesellen sich weitere Konzert-Reihen, Kabarett und Kindertheater, Jazz und reichlich rockige Rhythmen, außerdem Gospelgesang auf Gutshöfen und Schrammelmusik in Straußwirtschaften.

Das Jahr geht im Rheingau zu Ende mit dem „Weihnachtsmarkt der Nationen" in Rüdesheim, der zu den schönsten Advents-Märkten in Europa gezählt wird. Alle Aktionen fügen sich unter dem Motto „Rheinkultur in Reinkultur" zusammen.

Das Anbaugebiet

Geographische Lage: Im Osten vom Unterlauf des Mains bei Flörsheim-Wicker über die Mainmündung hinaus rechts-rheinisch hinab bis zur Landesgrenze zwischen Hessen und Rheinland-Pfalz bei Lorchhausen im Westen.

Klima: Der Rheingau ist eine der wärmsten und nieder-schlagsärmsten Regionen Deutschlands. Die mittlere Jah-restemperatur von 10,6 Grad und 1600 Sonnenscheinstun-den bei nur 560 Millimeter Jahresniederschlägen bieten den Reben beste Bedingungen.

Bestockte Rebfläche: 3200 Hektar (3 Prozent der deutschen Weinbaufläche), davon 57 Prozent flache Lagen, 23 Pro-zent Hanglagen, 20 Prozent Steillagen.

Lagen: 1 Bereich, 10 Großlagen, 120 Einzellagen.

Rebsorten weiß: Riesling (78 %), Müller-Thurgau (2 %), Sonstige (5 %), Gesamt: 85 %.

Rebsorten rot: Blauer Spätburgunder (13 %), Sonstige (2 %), Gesamt: 15 %.

Betriebsstruktur: 750 gemeldete Betriebe, 400 Vollerwerbler, 6 % der Ernte gehen an Genossenschaften.

Erntemenge: im Zehn-Jahres-Durchschnitt 77,5 hl/ha.

Gesellschaft für Rheingauer Weinkultur
Kloster Eberbach
Klosterpforte
65346 Eltville
Telefon: 0 67 23 / 91 75-7
Fax: 0 67 23 / 91 75-91
wein@rheingau.de
www.rheingau.de

RHEINGAU

Die Freizeit-Region

Touristische Routen: Rheingauer Riesling-Route (70 Kilometer von Flörsheim-Wicker bis Lorchhausen, Markierung „Riesling-Römer"), Rheingauer Riesling-Radweg (60 Kilometer von Flörsheim-Wicker bis Rüdesheim), Rheingauer Riesling-Pfad (115 Kilometer von Flörsheim-Wicker bis Kaub).

Sehenswert: Schloss Johannisberg, Schloss Vollrads, Drosselgasse Rüdesheim, Katholische Kirchen Hochheim (Fresken), Kiedrich (älteste spielbare Orgel Deutschlands) und Lorch (Schnitzaltar), Kurhaus Wiesbaden, Ruine Ehrenfels (zwischen Rüdesheim und Assmannshausen), Wispertal (mit ausgedehnten Wäldern).

Museen: Eltville (Gutenberg-Gedenkstätte in Kurfürstlicher Burg), Hochheim (Otto Schwabe Museum), Lorch (Kunst- und Heimatmuseum), Rüdesheim (Weinmuseum Brömserburg, Siegfrieds Mechanisches Musikkabinett, Mittelalterliches Foltermuseum), Wiesbaden (Landesmuseum).

Aussichtspunkte: Bubenhäuser Höhe (Eltville-Rauenthal), Flörsheimer Warte (Flörsheim-Wicker), Rothenberg (Geisenheim), Schlossterrasse Johannisberg (Geisenheim-Johannisberg), Nollig (Lorch), Aussichtsturm Hallgartener Zange (oberhalb Oestrich-Winkel), Niederwald-Denkmal (Rüdesheim), Neroberg (Wiesbaden).

Top-Tipp: Kloster Eberbach, ehemalige Abtei der Zisterzienser, am besten erhaltene mittelalterliche Klosteranlage Europas, bedeutender Konzertort, Wein-Auktionsstätte und Drehort für den Umberto Eco-Film „Der Name der Rose".

Rheingau-Taunus-Information
An der Basilika 11 a
65375 Oestrich-Winkel
Telefon: 0 67 23 / 99 55-0
Fax: 0 67 23 / 99 55-55
tourist@rheingau-taunus-info.de
www.rheingau-taunus-info.de

RHEINGAU

14 | Weinwanderweg Eltville-Hattenheim

Wenn man Eltville längst verlassen hat und auch Erbach mit der Mariannenaue schon hinter einem liegt, taucht Hattenheim auf, der westlichste Ortsteil von Eltville. Bereits zur Zeit der ältesten bekannten Urkunde aus dem Jahr 954 war die Siedlung ein kirchlicher Filialort von Eltville. Bedeutendstes Bauwerk in der Hattenheimer Gemarkung ist Kloster Eberbach.

Sehr früh schon haben Adelsfamilien Weingüter in Hattenheim erworben. Die älteste, die ununterbrochen Weinbau in Hattenheim betrieben hat und früher im Dorf ansässig war, ist die Familie Langwerth von Simmern (seit 1711 im Stockheimer Hof in Eltville). Mitte des 15. Jahrhunderts erstand sie die Burg, eine um 1400 erbaute befestigte Wohnanlage. Die Burg und ihr idyllischer Innenhof werden heute für Veranstaltungen genutzt, zum Beispiel das „Weindorf" während der Schlemmerwochen Ende April/Anfang Mai.

Fachwerkhäuser rund um den Marktplatz einschließlich des Rathauses schaffen eine mittelalterliche Atmosphäre. Ein besonders wertvolles Dokument des Weinbaus ist das „Schröterbruderschaftsbuch" von 1442. Die Weinschröter hatten die schwere und gefährliche Aufgabe, die vollen Weinfässer aus den Kellern zu holen (schrötern) und an den Rhein zu transportieren, wo sie auf Schiffe verladen wurden. Heute stehen am Rheinufer große Weinprobierfässer, die zum Weinprobierstand umfunktioniert sind.

Startpunkt: Bahnhof
Markierung: Ortswappen Hattenheim
Länge: 3 Kilometer, nicht durchgehend befestigt
Gesamtdauer: 75 Minuten

Kultur- und Gästeamt
Rheingauerstraße 28, 65343 Eltville
Telefon: 0 61 23 / 90 98 - 0, Fax: 0 61 23 / 90 98 - 90
touristik@eltville.de, www.eltville.de

➔ Hattenheimer Burg- und Winzerfest am 4. Augustwochenende
  Weinwanderung „Natur pur" am 3. Oktober

Am Brunnen vor dem Tore

Die Hattenheimer Winzer haben Mitte der 90er Jahre in ihrer Gemarkung den „Brunnenweg" beschildert. Er verbindet zehn Brunnen in der Gemarkung. Man startet die Tour am besten am Bahnhof. Von dort über den Bahnübergang und jenseits direkt nach rechts auf das Gelände einer Baustofffirma. Nach wenigen Metern steht links am Hang eine große Übersichtstafel, auf der die Stationen und der Verlauf des Brunnenweges skizziert sind. Am Ende der Wanderung werden wir hierher zurückkommen. Zunächst aber geht es weiter parallel zu den Gleisen zum Bahnübergang an der Straße von **Hattenheim** nach **Kloster Eberbach**. Drüben führt die Route direkt oberhalb der Gleise auf einem Feldweg in die Weinbergsgemarkung hinein. So gelangt man am **Dillmetzkreuz** vorbei zum großzügig eingefassten Brunnen, welcher der gesamten Gemarkung ihren Namen gab: dem **Nussbrunnen**. Einst war er von Nussbäumen umstanden, daher der Name. Über einem Rest der Quellfassung aus gotischer Zeit wurde im 19. Jahrhundert ein großzügiger Überbau errichtet, der in seinem Bogen den Namen der Lage trägt.

Von hier aus folgt der Feldweg der Bahntrasse bis zu einem Wegetreffpunkt knapp unterhalb des **Wisselbrunnens**. Hier lohnt ein kurzer Abstecher unter dem Durchlass hindurch zum Ruheplatz **St. Urbanbrunnen** (St. Urban ist der bekannteste Weinheilige) am Ortsausgang Hattenheim, wo ebenfalls eine Übersichtstafel steht. Nun wieder unter dem Durchlass hinweg hinauf zum **Wisselbrunnen** (Ruhebänke). Für seinen Namen gibt es bisher keine eindeutigen Nachweise. Er könnte vom Wiesel oder einer Wiese abzuleiten

Der Hattenheimer Nussbrunnen in der gleichnamigen Gemarkung

sein, ebenso von der Wisselbeere. Diese Deutungen übersehen das „t" in Urkunden von 1211 und 1470. Denkbar wäre auch eine Abstammung aus dem lateinischen fistula, die Röhre.

Vom Wisselbrunnen führt der Weg weiter leicht aufwärts bis zu einem Wasserauffangbecken (Ruhebank). Hier verlässt der Brunnenweg den gepflasterten Wingertsweg und führt entlang eines flachen Flutgrabens nach links hinauf zum 1995 neu errichteten Bildstock Mariä Krönung (Ruhebank). Hier biegt die Route erneut nach links ab und folgt dem Feldweg in Richtung Westen. Am nächsten Querweg (oberhalb des Bahndurchlasses) verspringt der Brunnenweg um zehn Meter nach rechts und führt in voriger Richtung leicht aufwärts zum **Hasselkreuz** (Ruhebank). Der Name rührt von den Haselnusssträuchern her, die dort seit jeher standen. Von hier lohnt ein kleiner Abstecher zum künstlich aufgeschütteten Aussichtspunkt (45 Minuten ab Bahnhof).

Kunstvolles Gutsschild „Georg Müller"

Die eingelassene Platte auf dem kleinen Steintisch erklärt, was der Betrachter alles sehen kann. Der Blick reicht von der Erbacher Pfarrkirche St. Vincent und dem gegenüber liegenden Schloss Reinhartshausen über den Rhein hinweg nach Rheinhessen und auf den Hunsrück. Am rechten Ufer des Rheines reckt sich die

Margarethenkapelle

Basilika von Schloss Johannisberg aus dem Rebenmeer, dahinter ist die Statue des Niederwalddenkmals oberhalb von Rüdesheim am Horizont zu erkennen. Im Norden erheben sich über dem Weindorf Hallgarten die bewaldeten Hänge des Taunus, aus denen der Aussichtsturm auf der Hallgartener Zange aufragt. Am Ende des Rundblicks bleibt das Auge noch einmal am Rhein haften. Er ist hier bei Hattenheim fast einen Kilometer breit. Die Mariannenaue mitten im Strom trennt die „Große Gieß" vom Fahrwasser der „Kleinen Gieß". Die Au ist mit 89 Hektar Fläche die größte Insel im Rhein. 23 Hektar sind mit Reben bestockt, auf der Insel wachsen Riesling, Silvaner, Weißburgunder, Sauvignon blanc und Chardonnay.

Hat man das prächtige Panorama genossen, schlendert man zum **Hasselkreuz** zurück und auf dem gepflasterten Wingertsweg weiter in Richtung auf den Wald zu. Die schmiedeeisernen Schilder mit den Initialen GM stehen für Georg Müller. Der Enkel des Gründers der Sektdynastie Mattheus Müller betrieb das Weingut, bevor er es am 6. Dezember 1913 der Gemeinde Hattenheim stiftete. Dabei verfügte er, dass die Weinberge nicht verkauft werden dürfen. Über Jahrzehnte wurde das Weingut als städtischer Betrieb geführt, im Januar 2003 erwarb eine Bietergemeinschaft das Gut. Die Wortmarke „Georg Müller-Müller-Stiftung" bleibt weiterhin erhalten.

Am folgenden Wegkreuz knickt der Brunnenweg nach links ab und folgt dem Asphaltweg auf den Hohlweg zu, in dem die Straße von **Hattenheim** zum **Kloster Eberbach** verläuft. Jenseits geht es geradeaus weiter in den **Engelsmannsberg** hinein und bis zum nächsten Querweg oberhalb des Neubaugebietes im **Leimersbachtal**. Hier knickt die Route für 50 Meter nach links ab und geht dann ein kurzes Stück auf einem Feldweg steil hinab zum idyllischen Ruheplatz am **Willborn**. Zwei kleine Teiche und die 1993 errichtete Margarethenkapelle laden zur inneren Einkehr.

Nun geht es auf dem Feldweg oberhalb des Neubaugebietes in einem leichten Bogen zur Infotafel an der Bahnlinie, die man schon vom Beginn der Tour her kennt, und von dort über einen der beiden Bahnübergänge ins Dorf zurück (30 Minuten ab Aussichtshügel).

15 | Weinlehrpfad Flörsheim-Wicker

Weit vor den Rebhängen des Rheingaus haben die Winzer im Flörsheimer Ortsteil Wicker ihr „Tor zum Rheingau" errichtet. Ein Sandsteinbogen inmitten des historischen Ortskerns markiert den Beginn der Rheingauer Riesling-Route sowie des Rheingauer Riesling-Pfades. Der Weinbau hat hier eine lange Tradition, historische Rebmesser und Tongefäße weisen bis in die Zeit der Römer zurück.

Nach den Römern kamen die Franken und mit ihnen das Christentum. Alle wichtigen Klöster und Stifte der Region waren in und um Wicker begütert. Die dokumentierte Geschichte des Ortes reicht 1175 Jahre zurück bis 828. In einer Urkunde (aufbewahrt im Staatsarchiv Marburg) wird ein Grundstücksgeschäft in „flaritesheim" beschrieben. Von nun an nahm der Wein eine wichtige Stellung im Leben der Menschen ein. Er sorgte für Arbeit, Lebens- und Sinnenfreude, die dazu beitrug, dass der Satz wahr wurde, „unter dem Krummstab (der Mainzer Bischöfe) ist gut leben".

Die Wickerer Winzer stehen ihren Kollegen im westlichen Rheingau in nichts nach. Ihre Weinbergslagen haben einen guten Klang; „Mönchsgewann", „Stein", „Nonnberg", „Herrnberg" und vor allem der „König Wilhelmsberg" bringen große Weine hervor. Der Wickerer Wein-Weg ist mehr als nur ein Lehrpfad zum Weinbau. Er informiert nicht nur über Rebsorten, Anbautechniken und Mechanisierung, sondern stellt zugleich den Einfluss des Weinbaus auf die Entwicklung Wickers und Flörsheims dar.

Startpunkt: „Tor zum Rheingau" in der „Taunusstraße"
Markierung: stilisierte gelbe Traube mit grünen Weinblättern
Länge: 4 Kilometer, durchgehend befestigt
Gesamtdauer: 75 Minuten

Stadtverwaltung
Bahnhofstraße 12, 65439 Flörsheim
Telefon: 0 61 45 / 9 55 - 0, Fax: 0 61 45 / 9 55 - 299
rathaus@floersheim-main.de
www.floersheim-main.de

→ **Wickerer Weinfest am 1. August-Wochenende**

R H E I N G A U

Riesling-Route im Regionalpark

Vom idyllischen Platz am „Tor zum Rheingau" (Station 1, Infos zum Weinweg, Weinprobierstand von April bis Oktober) geht es gemeinsam mit dem **Rheingauer Riesling-Pfad** (Markierung „weingelber Römer") entlang der „Taunusstraße" zunächst wenige Meter bis zur Kreuzung mit der B 40 (Station 2). Jenseits der Straße ragt seit 1866 eine Steinsäule im König Wilhelmsberg empor. Auf der Säule thront ein bronzener preußischer Adler, 1975 im Wickerer Meisterbetrieb Karl Häbe geschaffen. Der Lagenname wurde 1907 vom Reichspatentamt bestätigt und ist im Lagenkataster geschützt. Das Kruzifix vor dem Haus gegenüber stammt aus dem Jahr 1690 und ist das älteste erhaltene Wegkreuz im gesamten Main-Taunus-Kreis.

Jenseits geht es auf dem Steinweg am Ortsrand entlang direkt in die Gemarkung hinein. Die Wingerte im Nonnberg gehörten einst zum Kloster Tiefenthal (oberhalb von Eltville-Martinsthal), bevor sie nach der Säkularisation 1803 privatisiert wurden. Am auffälligen Backsteinhäuschen informieren die Tafeln von Station 3 über die Lage Stein, die Rebsorten Riesling und Blauer Spätburgunder sowie den Weinbau in Wicker. Dort erfährt man auch, dass von den einst 75 Hektar Rebfläche heute noch 45 bestockt sind, weitere 28 Hektar in der **Flörsheimer** Gemarkung.

Nun läuft der Wein-Weg direkt am markanten Turm der **Flörsheimer Warte** vorbei zum Aussichtspunkt **Otto Schwabe Ruhe** (Station 4). Der Platz erinnert an den gleichnamigen Heimatforscher

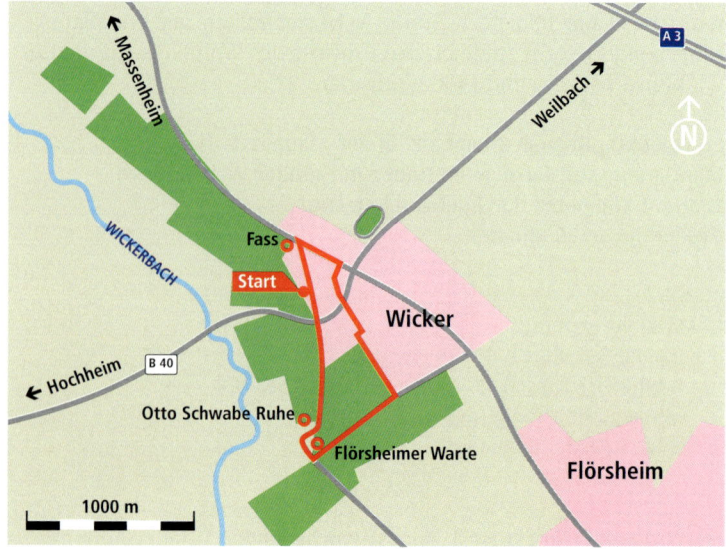

Unter den Metallbögen des Landwehrweges hindurch reicht der Blick bis nach Frankfurt.

(1875 bis 1943), nach dem auch das Heimatmuseum Hochheim benannt ist. Nach Norden reicht der Blick hinunter ins Wickerbachtal und hinüber auf die verfüllte Dyckerhoff-Deponie. Die Hänge ins Tal waren einst auch bestockt, wurden jedoch nach dem starken Reblausbefall Ende des 19. Jahrhunderts aufgegeben und mit Obstbäumen bepflanzt. Heute sind Teile des Geländes als Naturschutzgebiet ausgewiesen.

Nun wenige Meter hinüber zu einem Aussichtspunkt mit Ruhebank (Station 5). Wer genau hinguckt, kann in der Mauer einen Spruch entziffern: „Amor patriae vis agens pro populo bona creare" – „Die Liebe zur Heimat ist die treibende Kraft, für das Volk Gutes zu tun". Auf einer Tafel werden die Vorzüge des Rheingaus gepriesen, eine zweite ist dem Landwehrweg gewidmet, einem alten Grenzweg zwischen der Herrschaft von Eppstein und dem Kurfürstentum Mainz.

Hier trennen sich der **Rheingauer Riesling-Pfad** und der Wickerer Wein-Weg voneinander. Der Riesling-Pfad biegt nach rechts zur Kriegergedächtniskapelle ab und führt weiter hinab zur Wiesenmühle, der Wickerer Wein-Weg folgt dem „Landwehrweg" nach links. Doch zunächst lohnt eine Pause an der **Flörsheimer Warte** (30 Minuten ab Start).

Der 1996 wieder errichtete Turm ist eine zeitgemäße Rekonstruktion des historischen Vorgängerbauwerkes aus dem ausgehenden 15. Jahrhundert. Er wurde damals als einer von vier Wachtürmen entlang der so genannten „Kasteler Landwehr" erbaut. Die Grenze schützte, ähnlich dem Rheingauer Gebück, die Orte am Main gegen

R H E I N G A U

Angriffe von Norden. Heute ist der Turm ein beliebtes Ausflugsziel, in dem man an Wochenenden (Ostern bis Ende Oktober) bei einem guten Schoppen Rheingauer Wein den Blick genießen kann.

Der Wein-Weg folgt dem Landwehrwall und läuft dabei unter mehreren modern gestalteten Weinlaubenbögen hindurch in Richtung Bad Weilbach. So erreicht man schon bald Station 6, wo Tafeln über den Weinbau der Griechen und Römer sowie moderne Anbautechniken informieren. Hier verlässt der Wickerer Wein-Weg den Weinlaubengang und biegt nach links in die „Gutenbergstraße" ein. Ihr folgt man bis zur „Weingartenstraße". Auf der gegenüberliegenden

Straßenseite geht es in gleicher Richtung auf einem schmalen Pfädchen zwischen Gärten hindurch bis zur „Rheingaustraße" und in die „Kirschgartenstraße". Nun knapp 50 Meter nach rechts bis zum Abzweig der „Pfarrhausstraße" (Station 7, Ortsskizze von Wicker und kurz gefasste Informationen zur Geschichte von Wicker, 30 Minuten ab Flörsheimer Warte).

Entlang der „Pfarrhausstraße" (Fußgängerweg) gelangt man zur „Hinterstraße" und in einem Zick-Zack-Bogen mit der Markierung des **Rheingauer Riesling-Pfades** zu dem kleinen Platz an der alten Goldbornschule, heute Sitz der Verwaltung. Dort trifft der Wein-Weg auf die „Friedensstraße", der man nach links in Richtung des Hochheimer Ortsteiles Massenheim folgt. Am Friedhof vorbei (Infotafeln) geht es bis zum alten Fass am Ortsausgang (Station 8, Überblick über die Geschichte von Flörsheim, Weilbach und Wicker sowie Informationen zum naturgemäßen Weinbau).

Flörsheimer Warte

Entlang der „Taunusstraße", einer historischen Querverbindung zwischen den links- und den rechtsrheinischen Römerstraßen, gelangt man zur Einmündung der „Tempelgasse" (Station 9). Hier erinnert eine Infotafel an das Gesetzeswerk „Capitulare de villis" von Karl dem Großen, das als Keimzelle aller Straußwirtschaften gilt. Nun sind es nur noch wenige Meter bis zum Ausgangspunkt am „Tor zum Rheingau" (15 Minuten ab Flörsheimer Warte).

16 | Weinlehrpfad Geisenheim

Geisenheim ist um 500 herum von den Franken gegründet worden, einer der ersten Bewohner war wohl „giso". Urkundlich taucht der Ort 772 im Zusammenhang mit einer Urkunde über den Rheingau erstmals auf, 1100 Jahre später (24. August 1864) erhält er Stadtrechte. Wahrzeichen des Ortes sind der „Rheingauer Dom" und die Linde vor dem Rathaus. Der 700-jährige Baum hat der Stadt zu ihrem Namen verholfen: Lindenstadt.

Synonyme der Lindenstadt, zu der die Ortsteile Marienthal, Johannisberg und Stephanshausen gehören, sind „Schulstadt" (Geisenheim beheimatet zwei Grund-/Hauptschulen, zwei Gymnasien, eine Sonderschule, eine Berufsschule, eine Fachhochschule und eine Schule für Lernstarke) und „Domstadt" (obwohl nie Bischofssitz gewesen). Eigentlich müsste man noch das Attribut „Stadt der Schlösser" hinzufügen: Schloss Schönborn, Schloss Kosackenberg, Schlösschen Monrepos, Osteinsches Palais (St. Ursula) in der Talstadt sowie Schloss Johannisberg und Schloss Hansenberg auf der Höhe lassen die Bedeutung erkennen, die der Ort über Jahrhunderte hatte.

Weltruhm erlangte Geisenheim mit der Gründung der „Königlichen Lehranstalt für Obst- und Weinbau" im Oktober 1872. Die heutige Forschungsanstalt sowie die zugehörige Fachhochschule für Wein-, Obst und Gartenbau gilt international als eine der bedeutendsten Ausbildungsstätten im Agrarbereich.

Startpunkt: Nordring / Bischof-Blum-Platz
Markierung: keine
Länge: 1,5 Kilometer / 4 Kilometer, bis auf 100 Meter befestigt
Gesamtdauer: 30 / 60 Minuten

Verkehrsamt, Rathaus, 65366 Geisenheim
Telefon: 0 67 22 / 701-0, Fax: 0 67 22 / 701-120
stadtverwaltung@geisenheim.de
www.geisenheim.de

➜ **Geisenheimer Lindenfest am 2. Juli-Wochenende,**
Tag der offenen Tür Forschungsanstalt 1. September-Wochenende

RHEINGAU

Vom Rheingauer Dom zum Rothenberg

Nur wer es ganz besonders eilig hat, der nimmt sich nicht die Zeit, vor der Weinwanderung eine Weile durch die Lindenstadt zu schlendern. Es lohnt sich, die Tour zum **Rothenberg** auf dem **Bischof-Blum-Platz** vor dem **Rheingauer Dom** zu beginnen. Wegen der beiden Türme seiner Pfarrkirche hob sich Geisenheim schon seit dem Mittelalter von allen anderen Rheingau-Orten ab. Bereits damals machte man die Kirchtürme zum Erkennungszeichen auf Siegeln und Grenzsteinen. Weil ein Blitz den Südturm im Juni 1879 zerstörte und er danach weitgehend abgetragen werden musste, hat die Kirche zwei unterschiedliche Türme.

Vom **Bischof-Blum-Platz** (Peter Joseph Blum, 1808 in Geisenheim geboren, 42 Jahre Bischof von Limburg) aus gelangt man auf der „Prälat-Werthmann-Straße" (Lorenz Werthmann, 1838 in Geisenheim geboren, Gründer des Deutschen Caritas-Verbandes) zum Wahrzeichen der Stadt, der gewaltigen Linde. Neuere Forschungen haben ergeben, dass sie mehr als 700 Jahre alt ist. Gegenüber der Linde steht das Rathaus (erbaut 1855-57). Hinter dem efeuumrankten Verwaltungssitz biegt man nach links in die „Brentanostraße" ein, die 50 Meter weiter nach rechts abbiegt und auf das Gelände der Forschungsanstalt führt. Eine Fußgängerbrücke führt über die Bahngleise hinüber zum großen Park. In ihm schlendert man zur Büste von Eduard von Lade westlich des Verwaltungsgebäudes.

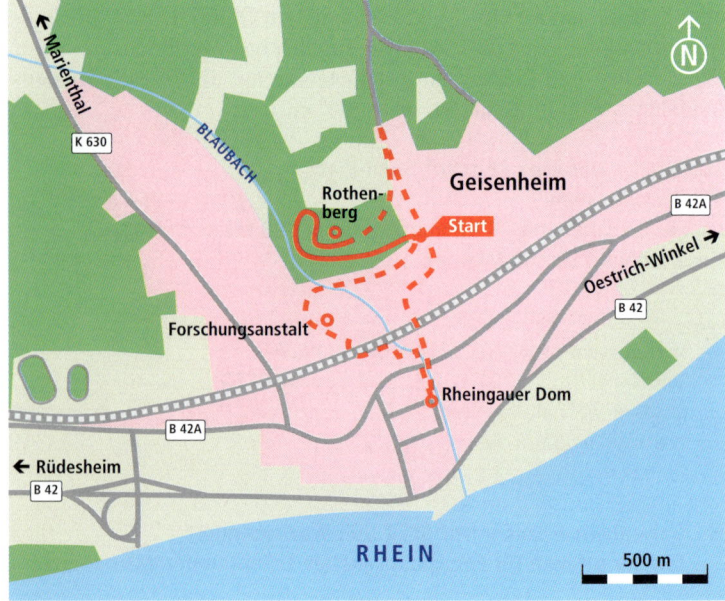

Eduard von Lade, 1817 in Geisenheim geboren, war mit Weinexporten zu Reichtum gelangt, bevor er sich bereits mit 44 Jahren aus den Tagesgeschäften zurückzog und 1861 nach Geisenheim zurückkehrte. Durch seine guten Verbindungen zu Fürst Bismarck und dem Kaiserhaus gelang es ihm 1872, die „Königliche Lehr- und Forschungsanstalt für den Wein-, Obst- und Gartenbau" zu gründen. Neben der heutigen Forschungsanstalt mit insgesamt 14 Instituten ist die Fachhochschule Wiesbaden mit den Fachbereichen „Weinbau und Kellerwirtschaft" sowie „Gartenbau und Landespflege" hier beheimatet. Absolventen mit Geisenheimer Diplom werden weltweit als Landwirtschafts-Experten geschätzt.

Der Rheingauer Dom

Hinter dem Backsteinhaus gelangt man über den Campus in einen kurzen Laubengang, der hinunterführt zur „Hospitalstraße". Hier nun kurz nach links zur Ampelanlage am „Nordring", auf den man nach rechts einbiegt. Der Gehweg, der die Ortsumgehung begleitet, führt unter dem **Rothenberg** entlang direkt auf drei Hochhäuser zu. Wenn man diese erreicht hat, steht man am eigentlichen Beginn des Weinlehrpfades (20 Minuten ab Bischof-Blum-Platz).

Der Lehrpfad zieht direkt in den Hang des **Rothenbergs** hinein. Gleich zu Beginn erzählen mehrere Schilder die Geschichte der Stadt Geisenheim und geben einen Überblick über die Weinlagen Mönchspfad, Kläuserweg, Kilzberg, Rothenberg, Fuchsberg, Schloßgarten und Mäuerchen. Nun geht es in einem langgezogenen Bogen um den Rothenberg herum stetig leicht bergan. Dabei informieren die Schilder über den „Ursprung des Weines", den „Ursprung des deutschen Weinbaus", den „Weinbau zur Zeit Karls des Großen", die „Kellerwirtschaft im Mittelalter", die „Weinwirtschaft zu Beginn der

EDUARD VON LADE

R H E I N G A U

Neuzeit", den „Geisenheimer Weinzehnt", den „Beginn des Qualitätsweines", den „Riesling-anbau im Rheingau", die „An-bautechniken", die „Heutige Weinbautechnik", den „Weinbau im Mittelalter", die „Kellerwirt-schaft der Griechen und Römer", die „Moderne Kellerwirtschaft" und den „Wein in der Medizin".

Das Kreuz auf dem Rothenberg

Dabei erfährt man unter ande-rem, dass wohl schon im 5. und 4. Jahrhundert vor Christi Geburt Weinbau am Rhein üblich war. Spätestens seit Karl dem Großen, der die klimatischen Vorzüge der Region von seiner Kaiserpfalz in Ingelheim aus beobachtete und den Anbau von Reben im Rheingau befahl, ist Weinbau eine wirtschaftliche Größe in der Region.

Kurz vor Ende des Weinlehrpfades schlägt der Wirtschaftsweg auf Höhe des Naturschutzgebietes „Kaolingrube" (hier wurde bis Ende der 1960er Jahre im Tagebau Kaolin abgebaut) eine Kehre (Ruhebank) und nähert sich der Kuppe des **Rothenberges**, die letz-ten Meter nach links am Schild „Wein in der Kunst" vorbei auf einem unbefestigten Feldweg (30 Minuten ab Beginn Lehrpfad).

Die Aussicht vom Rothenberg gehört zu den schönsten, die der Rheingau zu bieten hat. Das 360-Grad-Panorama wird beherrscht vom Tal des Rheines, das hier seine breiteste Stelle hat (ein Kilo-meter). Am jenseitigen Ufer erheben sich die Hügel von Rheinhes-sen, weiter weg sind Mainz und Vororte von Wiesbaden zu erken-nen, noch weiter entfernt der markante Donnersberg in der Pfalz. Zwischen Bingen und Rüdesheim zwängt sich der Rhein in eine enge Schlucht, seit 2002 als Weltkulturerbe Oberes Mittelrheintal inter-national anerkannt. Nördlich der Weinberge künden die Wälder davon, dass der Rheingau nicht nur die rebenreichste, sondern auch die waldreichste Region Hessens ist.

Wenn man sich lange genug satt gesehen hat, schlendert man die wenigen Meter zum asphaltierten Wirtschaftsweg zurück und läuft auf ihm nach links entlang des oberen Hangweges bis zur „Lange-straße", die hinunterführt zum Beginn des Lehrpfades an den Hoch-häusern. Als Abschluss der Wanderung ist ein Rundgang zu den Schlössern Kosackenberg, Schönborn und Ursulinen sowie zum Rheinufer zu empfehlen.

R H E I N G A U

17 | Weinlehrpfad
Geisenheim-Johannisberg

Wenn es in Deutschland einen Vorzeigeberg in Sachen Wein gibt, dann ist es der Johannisberg im Rheingau. Auf dessen höchstem Hügel thront Schloss Johannisberg. Das ehemalige Kloster, 1106 von Benediktinern gegründet, gilt weltweit als Synonym für herausragenden Riesling. Weinfreunde schätzen es als Geburtsort der Spätlese. Weit weniger bekannt ist, dass auch die übrigen deutschen Prädikatsbezeichnungen (Kabinett, Auslese, Beerenauslese, Trockenbeerenauslese und Eiswein) schon früh in Verbindung mit Schloss Johannisberg belegt sind. Zu Füßen des Berges, der vollständig mit Riesling bepflanzt ist (35 Hektar), wird Weinbau bereits im Jahr 817 bezeugt, als Kaiser Ludwig der Fromme Weinberge im Elsterbachtal vom Kloster Fulda erwarb.

Das Kloster auf dem Johannisberg war zunächst der Mainzer Abtei St. Alban unterstellt. Es erlebte bereits in den ersten beiden Jahrhunderten des Bestehens seine Blütezeit. Eifrige Mönche sorgten dafür, dass sich Wein- und Weihrauchdüfte vermischten. In der Folgezeit verfiel das Weingut jedoch immer mehr. 1716 kaufte der Fürstabt von Fulda die Gebäude, ließ statt des Klosters das jetzige Schloss erbauen und richtete eine Weinbaudomäne ein. Auf dem Wiener Kongress geriet die Domäne in den Besitz Österreichs. Staatskanzler Fürst Clemens von Metternich bekam es als Belohnung für seine politischen Verdienste. Heute gehören Weingut und Schloss der Fabrikantenfamilie Oetker.

Startpunkt: Historische Kelter gegenüber dem Bürgerhaus
Markierung: keine, Wegverlauf schwer zu finden
Länge: 6 Kilometer, durchgehend befestigt
Gesamtdauer: 2 Stunden

Verkehrsamt
Rathaus, 65366 Geisenheim
Telefon: 0 67 22 / 701-0, Fax: 0 67 22 / 701-120
stadtverwaltung@geisenheim.de
www.geisenheim.de

→ Schlossfest am 2. Septemberwochenende im Innenhof
Wanderung auf dem Lehrpfad: 1. Mai und 2. September-Sonntag

RHEINGAU

Auf den Spuren des Spätlesereiters

Der Johannisberger Weinwanderweg beginnt an der historischen Kelter gegenüber dem Bürgerhaus. Auf einer geschnitzten Übersicht neben der Kelter ist der Weg bezeichnet, ebenso die heimischen Weingüter und -lagen. Man sollte sich den Routenverlauf gut einprägen, denn unterwegs gibt es kaum Markierungen. Tafel I des Wanderweges zitiert Heinrich Heine mit seinem berühmten Wunsch: „Mon Dieu, wenn ich doch soviel Glauben in mir hätte, daß ich Berge versetzen könnte: Der Johannisberg wäre just derjenige Berg, den ich mir überall nachkommen ließe!"

An der Kelter biegt man in die „Kanzler Metternich-Straße" ein und folgt ihr etwa 150 Meter abwärts bis zum Friedhof. Hier entdeckt man ein Schild „Wein-Wander-Weg", das nach links in die Weinberge weist. Während der Blick noch über den Ortsteil Grund und ins Rheintal schweift, erreicht man Tafel II mit Erläuterungen zu den wichtigsten Rebsorten. Der Weg schlägt im Abstieg einen Linksbogen hinunter zur Kapelle mit der Tonplastik „Christus in der Kelter". Hier informiert Tafel III über Wein in der Religion.

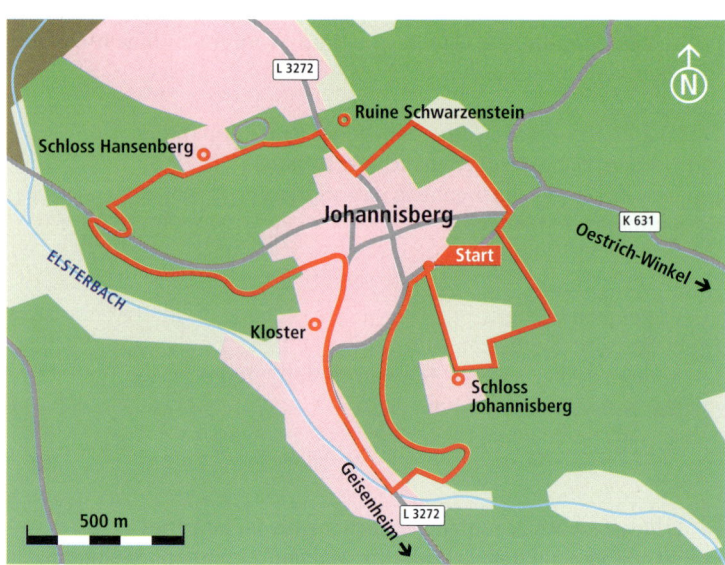

Schloss Johannisberg thront auf dem gleichnamigen Hügel.

Von hier geht es direkt in den Johannisberger **Ortsteil Grund** hin-ein. Am **Denkmal der Weinleserin** skizziert Tafel IV die aufwän-dige Pflege der Weinberge. Hier mündet der Weg auf die Straße „Im Grund" ein, der wir nach rechts folgen. Auf Höhe des „Johannis-hofs" informiert Tafel V über die Ursprünge des Weinbaus im Elster-bachtal.

Nun weiter geradeaus hinauf – an der „Schamarimühle" und der Abzweigung nach **Marienthal** vorbei – zur Pforte des ehemaligen **Klosters Johannisberg**. Wenige Meter oberhalb passiert man die kleine Wiese vor dem „Wäschbrunnen" und gelangt immer weiter geradeaus zum Fassboden-Brunnen im„ Schweizertal". Hier biegt der Wanderweg nach links ab und führt direkt in die Weinlage Höl-le hinein, wo Tafel VII über ortsansässige Winzer und deren Wein-berge informiert.

Der Weinwanderweg schlägt nun oberhalb des **Elsterbachtales** einen weiten Rechtsbogen und mündet schließlich an einer Wein-bergsmauer auf den **Rheingauer Riesling-Pfad** (Tafel VIII Klöster und der Weinbau). Man folgt der Route kurz rechts hinauf, verlässt sie aber bereits 100 Meter später wieder und gelangt nach links zum nahen **Aussichts-Unterstand** der Flurbereinigung (Tafel IX Flur-bereinigung). Anschließend dauert es nur wenige Minuten bis zum **Schloss Hansenberg**, wo das Land Hessen eine Schule für Lern-starke eingerichtet hat (Tafel X, 60 Minuten ab Start). Vom Han-senberg führt die Route direkt auf die Kunstruine **Burg Schwarzen-stein** zu. Tafel XI skizziert die Veränderungen in der Rebenerzie-hung. Nun knapp 100 Meter auf der Hauptstraße hinab, bis der erste

Geführte Weinwanderung mit dem Spätlesereiter

Wirtschaftsweg nach links in die Gemarkung leitet. Auf diesem geht es zur Tafel XII (Rheingauer Rotwein sowie Johannisberger Winzergenossenschaft). Nach weiteren 200 Metern gelangt man auf einen Querweg, auf den man nach rechts einbiegt. Nun geht es geradeaus bis zur Sandsteinskulptur **„Jungfernstieg"** an der Straße von Winkel nach Johannisberg.

Nun mit den Markierungen des **Rheingauer Riesling-Pfades** nach rechts zum Ortseingang, wo der „weingelbe Römer" nach links weist (Tafel XIV Kabinett). Der Wirtschaftsweg läuft abwärts in Richtung Rheintal zur Tafel XV, welche die Vorzüge des Rheingauer Klimas preist. Nun biegt man nach rechts in Richtung **Klosterkirche** ab. Kurz davor erreicht man den so genannten **Goetheblick** (Tafel XVI). Nun sind es nur noch wenige Meter zur **Basilika** St. Johannes der Täufer (Tafeln XVIIa und b, Kirchengeschichte). Die nächste Tafel findet man im Hof des Ensembles: Sie erzählt die Geschichte von der zufälligen Entdeckung der Spätlese. Das Standbild des **Spätlesereiters** im Hof nennt das Jahr der Entdeckung in goldenen Ziffern: 1775. Das Dank- und Denkmal erinnert daran, dass entgegen der landläufigen Meinung manchmal doch derjenige belohnt wird, der zu spät kommt.

Die vorletzte Tafel des Weinwanderweges steht ganz vorn an der Terrasse des Schlosses. Weltberühmt ist der Blick über das Rheingauer Rebland hinweg in das Rheintal sowie hinüber nach Rheinhessen und bis in den Hunsrück hinein. Im Weinberg unter der Terrasse markiert eine schmiedeeiserne Stele den 50. Breitengrad, der weltweit die nördliche Grenze des Weinbaus markiert. Der nördlichen Lage zum Trotz reifen an der Laube und im Schlossgarten alljährlich Zitronen, Feigen und Mandeln.

Von hier geht es entlang der Schlossallee in weniger als fünf Minuten zur Tafel XX (Grüße an den Wanderfreund) am Ausgangspunkt zurück.

18 | Weinwanderweg Hochheim

Weinkenner scheinen schon immer weitsichtiger als Behördenmenschen gewesen zu sein. Die nämlich ließen den politischen Rheingau an den Grenzen von Walluf enden, während die Weinregion über Wiesbaden hinausreicht bis zum Flörsheimer Weinort Wicker im Main-Taunus-Kreis. Die letzte Stadt vor der Mündung des Mains in den Rhein liegt streng genommen gar nicht am, sondern über dem Main. Hoch über dem Main. Hochheim. Mit mehr als 200 Hektar bestockter Rebfläche zählt die Stadt innerhalb des Rheingaus zu den größten Weinbau treibenden Orten.

Die Wiege des Rieslings steht im Übrigen nicht weit entfernt am gegenüber liegenden Mainufer, genau genommen in Rüsselsheim. Clemens Kleinfisch, Verwalter der dortigen Burg der Grafen von Katzenelnbogen, vermerkte anno 1435 in seinem Rechnungsbuch, er habe „setzreben rießlingen in die wingarten" angekauft. Solange kein früherer Nachweis auftaucht, gilt der 13. März 1435 offiziell als die „Geburtsstunde" des Rieslinganbaus in Deutschland.

Hochheim ist vor allem wegen seines großen Marktes bekannt, der Anfang November jeweils mehrere hunderttausend Besucher anlockt. Die Tradition des Marktes reicht zurück bis ins Jahr 1484. Er ist Jahrmarkt, Volksfest und Verkaufsveranstaltung zugleich. Auch heute noch kann man dort Pferde, Ponys, Schweine, Hasen und Federvieh kaufen. Sehenswert ist neben der historischen Altstadt vor allem die katholische Pfarrkirche St. Peter und Paul mit kunsthistorisch wertvollen Freskenmalereien.

Startpunkt: Geheimrat Hummel Platz (BAB-Ausfahrt Hochheim-Nord)
Markierung: keine
Länge: 4,5 Kilometer
Gesamtdauer: 75 Minuten

Tourismus-Information, Rathaus, Burgeffstraße 30
65239 Hochheim, Telefon: 0 61 46 / 9 00 - 0, Fax: 0 61 46 / 83 53 16
info@hochheim.de, www.hochheim.de

→ Hochheimer Weinfest am 1. Juli-Wochenende
   Fünftägiger Hochheimer Markt am 2. November-Wochenende

RHEINGAU

Königin Victoria und die Madonna

Der Weinweg startet am „Geheimrat Hummel-Platz" mit dem Denkmal für die Gefallenen des 1870/71er Krieges. Dort entdeckt man den weingelben Römer des **Rheingauer Riesling-Pfades**, der auf einem asphaltierten Wingertssträßchen („Stielweg") direkt in die gleichnamige Lage führt. Die bunte Tafel „Spätburgunder" am Startpunkt ist nicht mehr als ein Farbtupfer im Schilderwald. Vor dem Spaziergänger breitet sich das Maintal aus.

Nach wenigen Metern wird an der Tafel „Die Lese" die erste Ruhebank erreicht. Hier weisen die Markierungen des **Riesling-Pfades** nach links, gleichlaufend mit dem „Wanderweg rund um Hochheim". Der Weg, dem man vor der Silhouette der Stadt in Richtung der Pfarrkirche **St. Peter und Paul** folgt, heißt „Herrnbachweg". Vorbei an einer weiteren Ruhebank wandert man unterhalb der Kirchenfassade entlang und erreicht den kleinen Platz vor den Mauern der Stadt am alten Einlasstor. Das Torhaus aus der Mitte des 16. Jahrhunderts ist als „Küsterhaus" bekannt, mehrere Ruhebänke laden zur Rast. Die katholische Pfarrkirche St. Peter und Paul birgt ein kunsthistorisches Kleinod: 1996 wurde bei der Innenrenovierung ein Fresko freigelegt, wie man es seit mindestens 100 Jahren nicht mehr gesehen hatte. Es entpuppte sich als besondere Kostbarkeit der Rokokomalerei in Hessen. Das Fest an Formen und Farben verdanken die Hochheimer dem Kirchenmaler Johann Baptist Enderle aus Donauwörth, der das Deckengemälde und die Bilder an den Brüstungen der Empore 1775 malte.

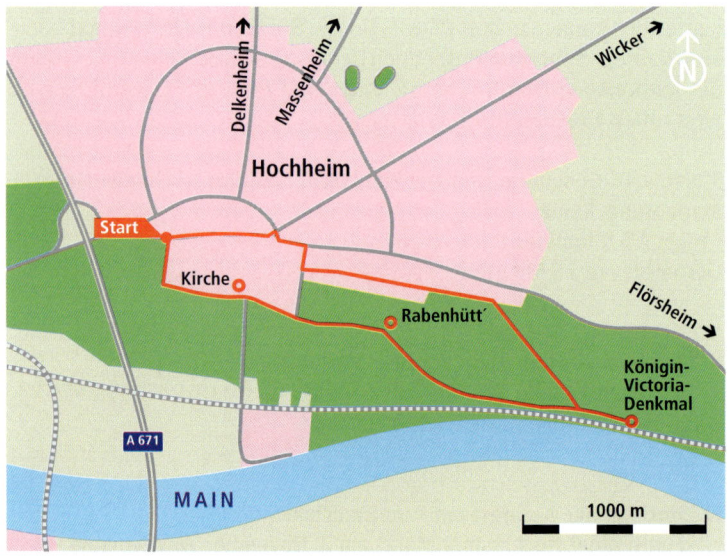

Die Pfarrkirche St. Peter und Paul birgt im Innern wertvolle Fresken.

Jenseits der Straße, die zum Stadttor und in die historische Altstadt führt, folgt man dem „Neubergweg" (Schild „Das Keltern") direkt in die Gemarkung Kirchenstück hinein. Das asphaltierte Wingertssträßchen führt höhengleich am Schild „Der Buttenträger" vorbei zu einer schlichten Wegkapelle, die zwei Damen 1990 der Stadt Hochheim stifteten. Wenige Meter weiter steht die **Rabenhütt'**, ein kleiner hölzerner Pavillon (Schild „Die Weinprobe"). Hier zeigen die Markierungen des Riesling-Pfades nach halbrechts hinab auf den „Gansweg". Im leichten Abstieg gelangt man so auf den „Sandweg", der direkt oberhalb der Bahntrasse verläuft. Im Tal tuckern die Diesel der Motorschiffe auf dem Main. An der Einmündung (Schild „Der Hochheimer") knickt der **Riesling-Pfad** nach halblinks ab und verläuft nun parallel zum Main. Etwas weiter flussaufwärts ragt aus den Weinbergen das **Königin Victoria-Denkmal** empor. Es wird wenige Momente nach der Einmündung des „Weilerweges" erreicht (40 Minuten ab Start).

Als die englische Königin Victoria 1850 Deutschland bereiste, wurde sie ermuntert, einen der Weinberge zu besuchen, der den Hochheimer hervorbrachte, den sie am königlichen Hof so gerne trank. Georg Michael Pabstmann, Gutsbesitzer in Hochheim, witterte sofort, dass mit der Monarchin „money" zu machen wäre, und lud die Königin kurzerhand ein. So rumpelten eines Nachmittags vornehme Karossen durch die Gemarkung. Sie fuhren zu einem jungen Wingert. Inmitten des Rebhanges entsprang eine klare Quelle (es gibt sie noch

heute), von Nussbäumen umsäumt und mit frischem Grün einge-
fasst. Die schattige Oase war schon lange beliebtes Ausflugsziel der
Domdechanten von Mainz. Sie müssen oft gekommen sein, denn der
Volksmund kannte das Plätzchen nur als „Dechantenruhe".

Wo es sich die kirchlichen Würdenträger wohl ergehen ließen,
gefiel es auch der Königin gut. Als Pabstmann sie noch im gleichen
Jahr darum bat, das Plätzchen „Königin Victoria-Berg" nennen zu
dürfen, ließ sich die Queen einen Hochheimer öffnen – und willigte
ein. Vier Jahre nach dem Besuch der Königin kam dem umtriebigen
Winzer eine weitere Idee: Er fasste die Quelle, ließ sie durch ein
Löwenmaul sprudeln und bürdete dem wilden Tier ein sieben Meter
hohes Denkmal auf die Mähne. Über die englisch-gotischen Türm-

chen und Verzierungen geraten
Besucher von der Insel noch immer
in romantische Verzückung, wenn
sie das Standbild inmitten des Wein-
berges betrachten. Auch die benachbarten Weingutsbesitzer profitier-
ten vom wachsenden Ruhm der
Reben ihres Kollegen. Ganz besonders, seitdem die Angelsachsen den
Hochheimer zum „Hock" verball-
hornten und damit generell Rhein-
wein meinten. Fortan machte die
Weisheit „a good hock keeps off the
doc" die Weinrunde. Frei nach Plu-
tarch: „Mäßig getrunken ist der
Wein eine Arznei."

Königin Victoria-Denkmal

Auf dem Weg zurück geht es zunächst ein Stück auf der bereits
bekannten Strecke zur Einmündung des „Weilerweges". Hier nun
halbrechts in der Gemarkung hinauf zum „Neubergweg" (Schild
„Buttenträger) und in voriger Richtung weiter direkt auf die Häuser
von **Hochheim** zu. Man erreicht so die „Weinbergstraße", der man
nach links bis zum Friedhof folgt. Dort auf dem „Steinweg" wenige Meter nach rechts zur „Flörsheimer Straße". Hier wieder links
und dann geradeaus bis auf den Platz an der **Alten Malzfabrik**.

Hier beginnt der historische Teil von Hochheim mit seinen Adels-
höfen und Bürgerhäusern, Fachwerk-Ensembles und Fußgänger-
Eckchen. Mittendrin thront auf dem „Plan", dem Hauptplatz der
Stadt, die Hochheimer Madonna auf einem Sandsteinsockel. Wie die
Inschrift verrät, wurde sie 1770 „mit Beihilf aller Gutthaeter" von
drei frommen Hochheimer Bürgern „aufgericht". Die Hochheimer
Madonna ist eine der herrlichsten Rokoko-Plastiken im gesamten
Rhein-Main-Gebiet (35 Minuten ab Königin Victoria-Denkmal).

19 | Weinlehrpfad
Rüdesheim

„Warum ist es am Rhein so schön?" Die millionenfach gestellte Frage ist oft beantwortet worden. Meist in Rüdesheim. Es gehört mit 2,5 Millionen Besuchern jährlich zu den beliebtesten Touristenzielen Deutschlands. Die meisten freuen sich auf 150 Meter: die Drosselgasse. Das drei Meter schmale Gässchen, die „fröhlichste Straße der Welt", ist ein Evergreen. Mehr als ein Dutzend Weinstuben, Restaurants und Andenkengeschäfte bilden die Kulisse für heitere Ausgelassenheit. Doch längst haben die Drosselgassen-Wirte das Image von „Wein, Weib und Gesang" abgelegt und um Kleinkunst, Erlebnisgastronomie und Weinseminare erweitert.

Die älteste bekannte Orts-Urkunde stammt von 1074. Historische Bauten wie der Klunkhardshof, der wehrhafte Adlerturm, die Boosenburg und die Ehrenfels zeugen von der vielfältigen Vergangenheit. Bis zur Gründung des Rheingau-Taunus-Kreises (1. Januar 1977) war Rüdesheim Kreisstadt des Rheingaus. Seitdem zählen zur Stadt am Tor des Weltkulturerbes „Oberes Mittelrheintal" auch das Rotweindorf Assmannshausen sowie die Höhengemeinde Presberg; Eibingen und Windeck gehörten schon vorher dazu.

Die Brömserburg, mit mehr als 1000-jähriger Geschichte eine der ältesten Burgen am Rhein, beheimatet das Rheingauer Weinmuseum. Mehr als 2000 weinbezogene Exponate von der Antike bis zur Neuzeit, darunter eine berühmte Flaschen- und Gläsersammlung, vermitteln auf kurzweilige Weise Wissen über den Wein.

Startpunkt: Parkplatz Ringmauer / Bergstation Seilbahn
Markierung: keine
Länge: 1 / 3 Kilometer
Gesamtdauer: 30 / 60 Minuten

Tourist-Info
Geisenheimer Straße 22, 65385 Rüdesheim
Telefon: 0 67 22 / 1 94 33, Fax: 0 67 22 / 34 85
touristinfo@t-online.de, www.ruedesheim.de

→ Rüdesheimer Weinfest am 3. August-Wochenende
Weihnachtsmarkt der Nationen im Dezember

RHEINGAU

Besuch bei der bronzenen Dame

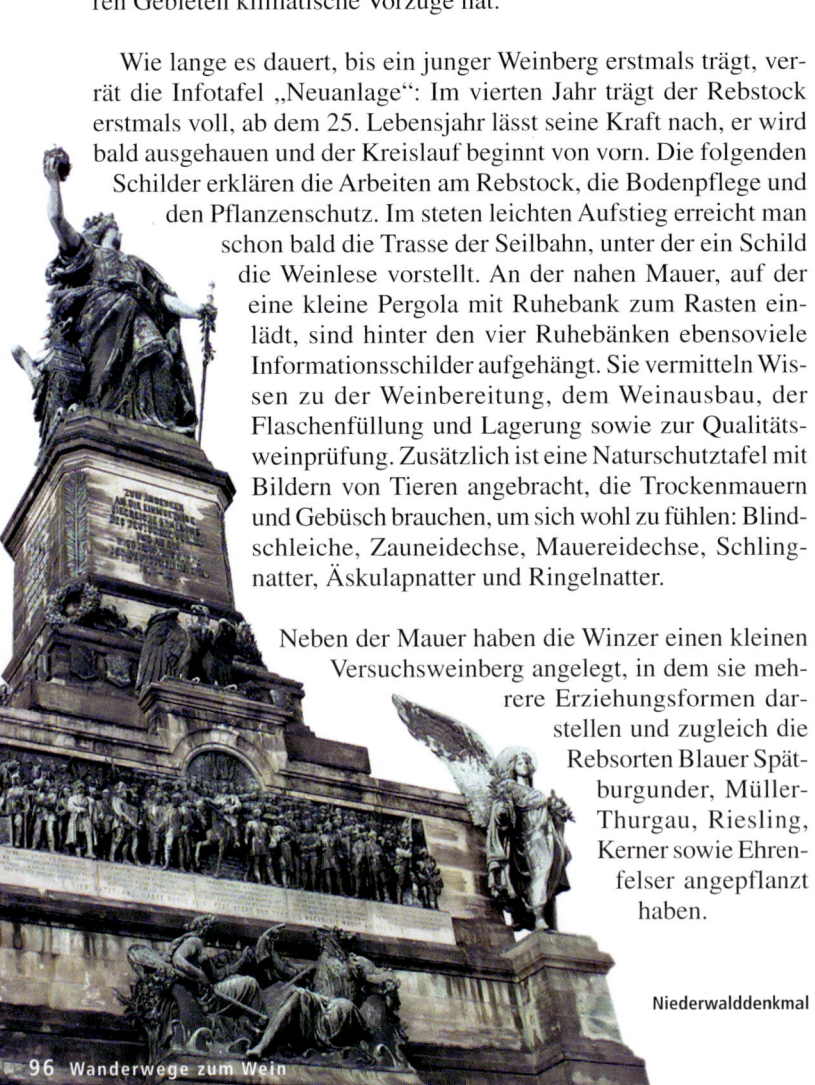

Der Weinlehrpfad beginnt am Parkplatz **Ringmauer**. In der Mauer, die ihn von der Gemarkung trennt, entdeckt man einen kleinen Durchlass, wohin das Schild „Weinlehrpfad" weist. Gleich zu Beginn geht es wenige Meter mächtig steil bergan. Da macht es Sinn, die Tafeln, die dicht gedrängt aufeinander folgen, allesamt aufmerksam zu lesen, um nicht gleich zu Beginn zu sehr außer Puste zu geraten. Das erste Schild präsentiert den Weinbau in Zahlen, das nächste widmet sich der Geschichte des Weinbaus. Wie wichtig Boden und Klima für die Weinqualität sind, wird auf den folgenden Schildern dargestellt. Dort erfährt man auch, dass der Rheingau gegenüber anderen Gebieten klimatische Vorzüge hat.

Wie lange es dauert, bis ein junger Weinberg erstmals trägt, verrät die Infotafel „Neuanlage": Im vierten Jahr trägt der Rebstock erstmals voll, ab dem 25. Lebensjahr lässt seine Kraft nach, er wird bald ausgehauen und der Kreislauf beginnt von vorn. Die folgenden Schilder erklären die Arbeiten am Rebstock, die Bodenpflege und den Pflanzenschutz. Im steten leichten Aufstieg erreicht man schon bald die Trasse der Seilbahn, unter der ein Schild die Weinlese vorstellt. An der nahen Mauer, auf der eine kleine Pergola mit Ruhebank zum Rasten einlädt, sind hinter den vier Ruhebänken ebensoviele Informationsschilder aufgehängt. Sie vermitteln Wissen zu der Weinbereitung, dem Weinausbau, der Flaschenfüllung und Lagerung sowie zur Qualitätsweinprüfung. Zusätzlich ist eine Naturschutztafel mit Bildern von Tieren angebracht, die Trockenmauern und Gebüsch brauchen, um sich wohl zu fühlen: Blindschleiche, Zauneidechse, Mauereidechse, Schlingnatter, Äskulapnatter und Ringelnatter.

Neben der Mauer haben die Winzer einen kleinen Versuchsweinberg angelegt, in dem sie mehrere Erziehungsformen darstellen und zugleich die Rebsorten Blauer Spätburgunder, Müller-Thurgau, Riesling, Kerner sowie Ehrenfelser angepflanzt haben.

Niederwalddenkmal

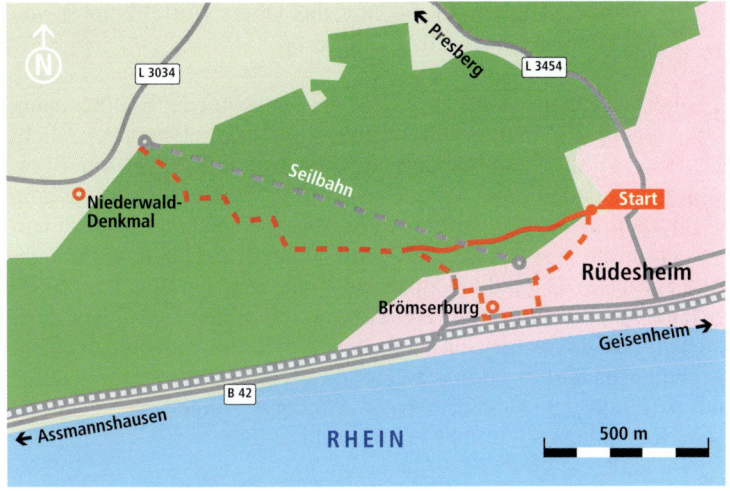

Nun ist es nicht mehr weit bis zum Ende des Lehrpfades. Kurz zuvor stehen zwei weitere Schilder. Das erste nennt die nach dem Weingesetz von 1971 in Deutschland gültigen Qualitätsstufen Tafelwein, Qualitätswein besonderer Anbaugebiete (QbA) und Qualitätswein mit Prädikat. Die letzte Tafel des Lehrpfades listet Most- und Weininhaltsstoffe auf.

Am folgenden Wegetreffpunkt endet der Lehrpfad. Ein Schild weist nach links hinab in die nahe Stadt und empfiehlt den Besuch des Weinmuseums in der **Brömserburg**, in dem die Geschichte des Weinbaus eindrucksvoll dokumentiert ist.

Ungleich eindringlicher wird der Rüdesheimer Weinlehrpfad in Erinnerung bleiben, wenn man die Tour mit einer Seilbahnfahrt zum **Niederwald** und dem Besuch des gleichnamigen Denkmals kombiniert. Die gewaltige Dame wacht seit dem 28. September 1883 über Vater Rhein und seine Besucher. Zu Füßen der „preußischen Muttergottes" breiten sich die Weinlagen aus, auf denen der Ruhm Rüdes-

heims gründet. Tief im Tal beginnt das Obere Mittelrheintal, seit 2002 anerkanntes Unesco-Weltkulturerbe.

Man erreicht den Niederwald und die Statue mit der Kabinenbahn, die in knapp 15 Minuten von der Talstation in der „Obergasse" dicht über den Weinbergen bis zum Niederwald gondelt. Von der Bergstation schlendert man in weniger als fünf Minuter hinüber zu dem Denkmal mit der viel gerühmten Aussicht. Nachdem man sich lange genug satt gesehen hat, läuft man zunächst in Richtung Bergstation zurück und stößt kurz zuvor auf einen Weg, der über knapp 100 Stufen hinunterführt zum **Rebenhaus** mit seiner herrlichen Aussichtsterrasse. Von hier führen weitere 200 Stufen hinunter zu einem asphaltierten Querweg in der Gemarkung. Man befindet sich dabei auf der Route des „Brahms-Weges", der daran erinnert, dass der deutsche Komponist ein großer Freund Rüdesheims war.

Am unteren Ende der Treppe verspringt die Route etwa 100 Meter nach links und folgt dann einem zunächst gepflasterten, später asphaltierten Pfad weiter abwärts zum nächsten Querweg. Hier verspringt die Route erneut etwa 100 Meter nach links und benutzt dann einen schmalen gepflasterten Pfad hinunter zur Sitzgruppe am „Ingelheimer Blick". Von dort ist nicht nur die bekannte Rotweinstadt zu sehen, sondern der Blick reicht von der Rochuskapelle (rechts) über die Inseln im Rhein und das gegenüber liegende rheinhessische Hügelland bis nach Mainz sowie über Schloss Johannisberg hinweg in den Taunus. Unterhalb der Sitzgruppe verspringt der Weg ein letztes Mal etwa 100 Meter nach links und führt dann an einem Flutgraben entlang hinunter zu dem Wegekreuz in der Gemarkung, wo der Rüdesheimer Weinlehrpfad offiziell endet (30 Minuten ab Denkmal).

Man kann dem Lehrpfad nun entgegen seiner eigentlichen Richtung bis zum Parkplatz an der „Ringmauer" folgen und gelangt von dort in der „Oberstraße" gemütlich zur Talstation der Seilbahn zurück (15-30 Minuten, je nach Lektüre der Schilder).

Rebsortenschild unter der Seilbahntrasse

20 | Weinlehrpfad Wiesbaden-Frauenstein

Wiesbaden hat viele Facetten. Eine davon ist der Wein – und noch viel mehr der Sekt. Wenn irgendwo zwischen Flensburg und Berchtesgaden ein Korken knallt, haben meist Wiesbadener die Perlen in die Flasche gezaubert. Der bekannteste Wein der Wiesbadener wächst am Neroberg. Die 4,2 Hektar Weinberge wären beinahe Bauland geworden – wenn es nach dem Willen preußischer Beamter gegangen wäre. Die Stadtväter blätterten im Jahr 1900 die stolze Summe von 250.000 Reichsmark.

Auch in drei westlichen Wiesbadener Vororten wächst Wein: In Dotzheim, Frauenstein und Schierstein. Auf die ältesten Hinweise können die Schiersteiner verweisen: Eine Urkunde von 973 belegt eine Schenkung von Skerdestein (Schierstein) an das Kloster Hilwartshausen. 150 Jahre später wird Dotzheim erstmals als Duzzeheim aufgeführt. Frauenstein ist mit seiner Burg ab 1243 urkundlich bezeugt. Noch weiter reicht die Geschichte von Mainz-Kostheim zurück, das im Osten Wiesbadens an die Hochheimer Gemarkung grenzt: Kostheim wird als Cop(s)istaino 790 genannt.

Die beiden Nachbarn Schierstein und Frauenstein gehörten über Jahrhunderte zusammen, trennten sich jedoch im Reformationsjahr 1544. Frauenstein blieb katholisch, die Schiersteiner wurden evangelisch. Schierstein ist in der Weinwelt vor allem als Sitz der Sektkellerei Söhnlein weltbekannt, während man von Frauenstein nicht nur Wein, sondern auch die Kirschen hoch rühmt.

Startpunkt: Bahnhof Wiesbaden-Schierstein
Markierung: keine
Länge: 3,5/ 4,5 km (einfach), nicht durchgehend befestigt
Gesamtdauer: 90 / 120 Minuten, + 45 / 60 Minuten Rückweg

Tourist-Service
Marktstraße 6, 65183 Wiesbaden
Telefon: 06 11 / 17 29 - 0, Fax: 06 11 / 17 29 - 798
www.wiesbaden.de oder www.weindorf-frauenstein.de

➜ Frauensteiner Weinfest am 1. August-Sonntag

R H E I N G A U

Wiesbadener Wein am Goethe-Stein

Goethes Konterfei

Am westlichen Rand der Gemarkung – zum Rheingau hin – ist seit Ende der 80er Jahre ein Wein- und Naturlehrpfad beschildert. Er führt, eingebettet in Weinberge, Obstwiesen, Äcker und Biotope, von **Wiesbaden-Schierstein** bis hinauf zum **Spitzen Stein** oberhalb von **Wiesbaden-Frauenstein**. Auf der Kuppe des Geländebuckels ragt ein hölzerner Aussichtsturm aus dem Wald, von dessen oberer Plattform man einen herrlichen Blick über das gesamte Rhein-Main-Gebiet und weit nach Rheinhessen hinein hat.

Wenngleich der offizielle Startpunkt des Weges (mit großer Infotafel) an der **Schiersteiner Schönstattkapelle** (Straße in Richtung Freudenberg) liegt, empfiehlt es sich für Ortsfremde, direkt am **Bahnhof Schierstein** zu starten. Von dort zum Bahnübergang und hinter den Gleisen gleich nach links auf den Fahrradweg Richtung Frauenstein. Dieser biegt 100 Meter nach dem Übergang nach rechts ab und erreicht die Autobahnunterführung. Dahinter geht es noch etwa 400 Meter im Tal des **Lindenbachs** bis zur Quelle des **Grunselsbörnchen** (Ruheplatz, 15 Minuten ab Bahnhof).

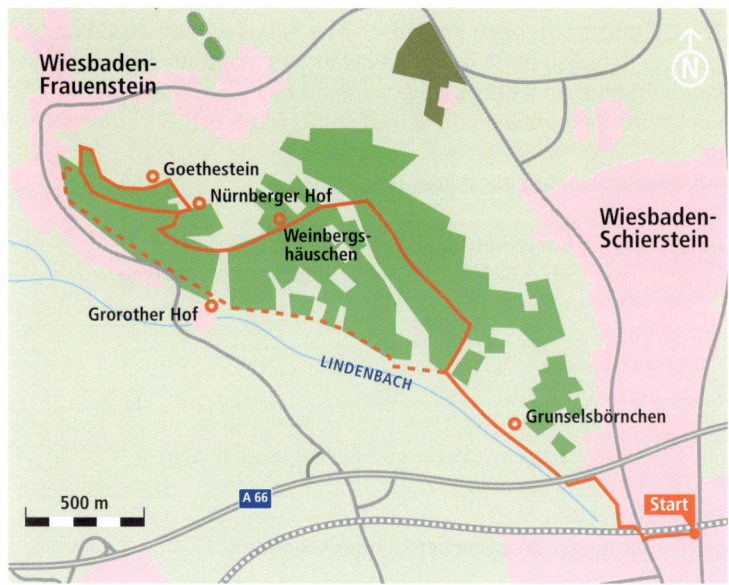

Hier steht das erste Lehrpfadschild mit Erklärungen zum Röhricht, einem flächenhaften Naturdenkmal. Man bleibt auf dem Weg und erreicht am Feuchtbiotop-Komplex Münzwiese/Klebswiese bald das nächste Infoschild. Von hier steigt der Lehrpfad nach rechts ein Stück steil an und mündet weiter oben im **Honigberg** nach links auf den **Rheingauer Riesling-Pfad** ein. Auf ihm gelangt man, an mehreren Schildern vorbei, bis zu einem Wegekreuz im Leierbachtal (45 Minuten ab Grunselsbörnchen).

Jenseits geht es kurz hinauf zum Aussichtspavillon am **Quellenhof-Rastplatz** (Ruhebank). An dem weißen Weinbergshäuschen wenige Meter danach steht eine Tafel, auf der die Bedeutung des Weins in Goethes Leben beschieben wird. Man erfährt unter anderem, dass der spätere Geheimrat schon als Baby mit Wein in

Herbstliche Rast am weißen Weinbergshäuschen

Berührung kam, dass sein Großvater sein Geld als Weinhändler verdiente, dass das elterliche Haus im Frankfurter Hirschgraben vor allem wegen des Weinkellers gekauft wurde und dass Goethe in Weimar eine Schrift „Über die Rebkultur" verfasste.

Der Lehrpfad führt nun an mehreren Schildern vorbei im weiten Bogen hinüber zur Fahrstraße und zum **Nürnberger Hof** (30 Minuten ab **Leierbachtal**). Wer will, kann an der Gaststätte schon Schluss machen, alle anderen folgen dem Lehrpfad nach links in die Gemarkung hinein. Der Feldweg führt mit schöner Aussicht höhengleich bis zum bewaldeten Geländesporn, der sich vom **Spitzen Stein** zur Burg Frauenstein senkt. Dort führt ein Pfad nach rechts aufwärts in den Wald. Er leitet etwa 20 Höhenmeter oberhalb des vorigen Weges im Wingert zurück bis in die Nähe des **Goethesteins** (30 Minuten ab Fahrstraße). Die knapp zehn Meter hohe Pyramide erinnert an den Spaziergang des Dichters zu dieser Stelle am 6. Juli 1815. Von hier kann man in zwei Minuten einen hölzernen Aussichtsturm erreichen (nicht immer offen).

Der Rückweg führt entweder von der nahen Gaststätte direkt ins **Lindenbachtal** oder über den **Rheingauer Riesling-Pfad** zunächst nach **Frauenstein** hinab und dann am **Grorother Hof** vorbei ins Lindenbachtal sowie nach **Wiesbaden-Schierstein** zurück (45 / 60 Minuten).

Kreuz am Grunselsbörnchen

Rheingauer Rieslingpfad

Verlauf: Wicker bis Kaub
Länge: 115 Kilometer
Streckennetz: Weinbergs- und Waldwege, teilweise Straßen
Markierung: weingelber Römer
Sehenswürdigkeiten: Der Weg ist das Ziel. Attraktionen sind die Aussichtspunkte in den Weinbergen sowie die kunst- und kulturhistorisch interessanten Klöster, Schlösser und Gutshäuser. Seit September 2005 ist der Rheinsteig von Wiesbaden nach Bonn beschildert, der im Rheingau teilweise auf der Trasse des Riesling-Pfades verläuft.

Für Besucher des Rheingaus, die mehr mitnehmen möchten als nur ein kurzes Appetithäppchen, wurde 1976 der Rheingauer Riesling Pfad angelegt. Die Route zwischen Wald und Reben präsentiert die gesamte Region. Wer den kompletten Riesling-Pfad kennenlernen möchte, sollte dafür sechs Etappen einplanen, damit genügend Zeit bleibt für Besichtigungen und Stadtbummel. Die Ufergemeinden am Rhein werden (mit Ausnahme von Walluf, Eltville, Assmannshausen und Lorch) zwar von der Routenführung ausgespart, sind jedoch jeweils in weniger als dreißig Minuten vom Pfad aus zu erreichen. Die Ortschaften am Main (Flörsheim, Hochheim, Kostheim und Kastel) sind allesamt in die Strecke eingebunden.

Der Riesling-Pfad ist während des gesamten Jahres zu begehen. An heißen Sommertagen jedoch, wenn die Weinberge in der Hitze flirren, empfiehlt es sich, in die Wälder auszuweichen. Auf den ersten Etappen stehen Wein und Kultur im Vordergrund. Klöster und Schlösser legen Zeugnis ab von der Bedeutung, die der Wein über Jahrhunderte hinweg für die gesamte Region hatte. Ab dem Binger Loch ändert sich das Bild schlagartig: Das zuvor seenartig breite Tal verengt sich zu einer imposanten Schlucht, in der die Flanken von Hunsrück und Taunus dicht aneinander rücken.

Hier, wo sich Europas verkehrsreichster Strom tief eingegraben hat, lässt der Fluss nur wenig Platz für die kleinen Weinbauorte an seinen Ufern. Hinter jeder Biegung des Pfades wartet eine neue Überraschung. Die Strecke bleibt ab Assmannshausen überaus spektakulär, und wenn das Ende des Riesling-Pfades in Kaub (Mittelrhein) erreicht ist, weiß man, warum die Unesco diesen Abschnitt des Flusses 2002 zum Weltkulturerbe ernannte.

RHEINGAU

1. Etappe: Wicker bis Kastel

Vor den Städten des politischen Rheingaus öffnen die Winzer von Wicker ihr „Tor zum Rheingau". Die Weinbaugemeinde am Main markiert die östliche Grenze des Anbaugebietes Rheingau. Der Weinbau hat eine mehr als 1000-jährige Geschichte „in wiccrino", wie eine Urkunde von 970 belegt. Seit dem freiwilligen Zusammenschluss (1972) gehören Wicker und das benachbarte Weilbach zur Stadt Flörsheim am Main. Der Ort ist Ausgangspunkt der drei Rheingauer Riesling-Routen für Autofahrer, Radler und Wanderer.

Vom idyllischen Platz am **„Tor zum Rheingau"** führt der Rheingauer Riesling-Pfad gleichlaufend mit dem Wickerer Wein-Weg entlang der „Taunusstraße" zunächst wenige Meter bis zur Bundesstraße 40. Eine Infotafel skizziert die Rheingauer Riesling-Route, eine Touristenstraße für Autofahrer. Diese verbindet seit 1973 die Weinorte des Anbaugebietes. Dabei folgt sie den alten Rheingauer Land-Chauseen, wo einst einfache Kutschen über holpriges Kopfsteinpflaster rumpelten. Damals war noch das Schiff bequemstes Verkehrsmittel, wenn man „ins Rheingau" reisen wollte. Nur Reiche konnten sich eine Fahrt über Land leisten.

Flörsheimer Warte

Oder sie wanderten. Zum Beispiel über die Straße direkt in die Wickerer Weinberge hinein. Schon bald erreicht man den weithin sichtbaren Turm der **Flörsheimer Warte**, einst Sicherungsfeste der so genannten „Landwehr" (20 Minuten ab „Tor zum Rheingau"). Der markante Turm beheimatet heute eine Gutsschänke (von Ostern bis Oktober offen).

Zu Füßen des Turms trennen sich der Wickerer Wein-Weg und der Riesling-Pfad. Ersterer zieht nach links entlang des Landwehrweges, während der Riesling-Pfad nach rechts abbiegt und an der **Kriegergedächtniskapelle** vorbei hinunterläuft zur **Annakapelle** und der **Wiesenmühle** im **Wickerbachtal** (Einkehrmöglichkeit). Nun folgt man dem Wickerbachtal knapp 200 Meter abwärts, bis die Straße den Bach quert. Jenseits führt nach rechts der Radweg in Richtung Hochheim, mit dem der Riesling-Pfad ein Stück gleich läuft. Nach weiteren 200 Metern zweigt die Route in einer Rechtskurve des Radweges nach links ab und führt auf einem Feldweg am Rand eines Landschaftsschutzgebietes leicht aufwärts zur Straße zwischen **Flörsheim** und **Hochheim** (30 Minuten ab Flörsheimer Warte).

Die Straße wird gequert, um den gegenüber liegenden Platz **„Schöne Aussicht"** zu erreichen (Ruhebank). Von hier hat man einen großartigen Blick ins Tal des Mains und weit darüber hinaus bis an den Odenwald und nach Rheinhessen. Nun auf dem asphaltierten Radweg Richtung Hochheim dem nächsten Ziel entgegen, der katholischen Kirche St. Peter und Paul. Unten am Main ragt das **Königin-Victoria-Denkmal** aus den Weinbergen, zu dem ein kleiner Abstecher führt. Hierfür biegt der Riesling-Pfad etwa 400 Meter nach der „Schönen Aussicht" in den Weinbegen nach links in Richtung Main ab und läuft zuletzt nach rechts direkt auf das Denkmal zu (15 Minuten ab „Schöne Aussicht", Ruhebänke).

Es erinnert an den Besuch der englischen Majestät im Jahr 1850. Sie wollte den Weinberg einmal sehen, dessen Weine sie am Hof so gerne trank. Georg Michael Pabstmann, damals Eigentümer der Weinberge rund um den kleinen Brunnen, ließ die Quelle fassen und errichtete ein Denkmal mit englisch-gotischen Türmchen.

Vom Denkmal läuft der Riesling-Pfad auf ein weißes Weinberghäuschen zu. An ihm vorbei geht es auf dem **Sandweg** zum Abzweig des **Ganswegs**, dem die Route nach halbrechts leicht ansteigend folgt, die Pfarrkirche vor Augen. An dem kleinen Aussichtspavillon (Ruhebänke) trifft der Riesling-Pfad auf den **Neubergweg** und folgt ihm nach halblinks bis zum Platz am historischen Stadttor (30 Minuten ab Denkmal, Ruhebänke).

Annakapelle

Unterhalb der Pfarrkirche geht es nun in voriger Richtung auf dem **Herrnbachweg** bis zur Einmündung in den **Stielweg** (Ruhebänke) und auf diesem nach rechts kurz hinauf zum Kriegerdenkmal am **Geheimrat Hummel-Platz**. Nun auf der „Mainzer Straße" knapp 100 Meter nach links und dann nach rechts in die Straße „Am Daubhaus". Auf Höhe des alten Wasserturms zweigt links die „Stettiner Straße" ab, der man folgt. In einer leichten Rechtskurve läuft die „Görlitzer Straße" geradeaus auf die Autobahnbrücke zu. Jenseits trifft man auf den **Daubhausweg**, der nach links bis zur Straßenkreuzung der B 40 führt und dort nach halbrechts abbiegt. So gelangt man zur Straße hinab zwischen **Hochheim** und **Mainz-Kastel** (45 Minuten ab Platz am Stadttor Hochheim).

Auf dem Bürgersteig geht es parallel zur Straße etwa 100 Meter in Richtung Hochheim zurück. Am **Pfandlochweg** wird die B 40 gequert, um zu den Unterführungen an den beiden Bahntrassen zu gelangen. Dahinter mündet der Riesling-Pfad auf einen asphaltierten Radweg, dem er nach rechts folgt. 100 Meter danach biegt die Route nach links ab und führt direkt auf die Krone des Damms zu. Auf diesem geht es nach rechts zum Industriegebiet und zum

„Mainufer" **Kastel** sowie dem mit einer Pergola bestandenen Platz des Weinprobierstandes (45 Minuten ab „Pfandlochweg").

Von Kastel bis Schierstein nutzt man am besten den Bus, da der Weinweg teilweise durch Industriegebiet läuft.

Das „Tor zum Rheingau" in Wicker

2. Etappe: **Schierstein bis Eltville**

Am **Hafen Schierstein** steigt man wieder in den Riesling-Pfad ein. Entlang der Promenade folgt der Weinweg zunächst der „Hafenstraße" (mehrere gemütliche Gastwirtschaften) bis zum Gebäude des Wiesbadener Yachtclubs. Ab hier heißt die Uferstraße „Christian Bücher Straße" und erinnert an den langjährigen Direktor des Schiersteiner Wasserwerkes (1878-1949). Achtung: Selbst wenn die Markierungen zum Abbiegen raten, bleibt man noch 100 Meter auf der Uferstraße bis zum Bootshaus des Wassersportvereins Schierstein 1921. Hier steht eine mächtige historische Dockenkelter und gibt

Historische Dockenkelter am Hafen

einen Eindruck davon, wie mühevoll man die Trauben in früheren Jahrhunderten pressen musste.

An der Kelter zweigt nach rechts die Straße „Am Lindenbach" ab. Auf ihr gelangt man über die „Zehntenhofstraße" hinweg zur „Kettenbornstraße" und weiter am **Lindenbach** entlang bachaufwärts unter (!) dem Betriebsgelände der **Sektkellerei Söhnlein** hindurch bis zur „Söhnleinstraße". Diese wird überquert, um dann den Markierungen des Riesling-Pfades und des „Gebückwanderweges" zu folgen. Es geht am Lindenbach weiter aufwärts zwischen Wohnblocks hindurch bis zum Durchlass unter der Bahntrasse. Direkt dahinter wendet sich der Riesling-Pfad ein kurzes Stück nach rechts bis zum nächsten Abzweig, wo die Markierungen nach links leiten (Radweg Richtung Frauenstein).

Zwischen Gärten und dem Übungsgelände des Schäferhundevereins Schierstein hindurch gelangt man zur **Autobahnunterführung**. Direkt dahinter trennen sich Rad- und Gebückwanderweg (führen beide geradeaus) und der Riesling-Pfad (steigt ein kurzes Stück nach rechts steil zu den Häusern hinauf). Oben angelangt, geht es in der „Schwarzwaldstraße" nach links aufwärts bis dorthin, wo sie in die Weinbergsgemarkung hineinläuft. Am folgenden Wegekreuz kurz nach halblinks auf den Feldweg und weiter leicht bergan. Die Route begleitet jetzt den Wiesbadener Wein- und Naturlehrpfad, der sich dadurch auszeichnet, dass er auf 20 Rebsorten- und Naturlehrschil-

RHEINGAU

dern vor allem die ökologischen Zusammenhänge von kleinräumig vernetzten Naturinseln in der Gemarkung hervorhebt (siehe Seiten 99-102).

Wenig später senkt sich der Pfad hinab zum Wegekreuz im **Leierbachtal** und führt von dort hinauf zum Aussichtspavillon am **Quellenhof-Rastplatz** sowie zu einem weißen Weinbergshäuschen mit Ruhebank. Während weiter oben der **Nürnberger Hof** mit dem markanten Windrad zu sehen ist, bleibt der Riesling-Pfad (anders als in manchen topographischen Karten eingezeichnet) in einem leichten Rechtsbogen am Hang parallel, bis er auf die Fahrstraße zum Nürn-

Brunnen am Schiersteiner Hafen

berger Hof trifft. Von hier lohnt sich ein Abstecher hinauf zum **Goethestein** und dem hölzernen Aussichtsturm auf der Kuppe des Spitzen Steins sowie eine Rast im Gasthaus. Der weingelbe Römer des Riesling-Pfades weist an dieser Stelle halblinks direkt nach **Frauenstein** hinab, das man schnell erreicht (120 Minuten ab Schiersteiner Hafen).

Jetzt heißt es erneut aufpassen: Während der Riesling-Pfad in einigen Karten in Richtung Rhein eingezeichnet ist, weisen die Markierungen an der Durchgangsstraße („Quellbornstraße") in die „Georgenborner Straße" hinein. Auf ihr geht es knapp 300 Meter aufwärts, bis der Pfad in der Rechtskehre der Straße nach halblinks ausschert und oberhalb des **Hofes Armada** ein kleines Bachtal quert (Ruhebank). Jenseits führt die Route aus der Talmulde heraus aufwärts direkt auf den Waldsaum zu und an ihm entlang bis zu einem Wegetreffpunkt mit Parkplatz am Waldrand (30 Minuten ab Frauenstein, herrlicher Blick über Walluf und Wiesbaden bis weit nach Rheinhessen hinein).

Hier biegt der Riesling-Pfad nach links in Richtung Rhein ab. Das erste Stück geht es am Waldrand entlang, bis man schließlich auf einen unbefestigten Parkplatz gelangt. Von hier hält der Weg in der Weinbergsgemarkung direkt auf die Autobahn und das dahinter liegende Gewerbegebiet im Osten von Walluf zu. Man läuft am **Hofgut Nußberg** vorbei (links in einem kleinen Wäldchen verborgen) und nähert sich der Straße. Etwa 100 Meter vor Erreichen der Autobahn biegt man an einem umzäunten Gelände des Wasserbeschaffungsverbandes nach rechts ab und gelangt zum **Ausflugsparkplatz „Berg-Bildstock"** (20 Minuten ab Waldparkplatz).

Nun über die Autobahn hinweg und jenseits gleich nach halblinks unter der B 260 („Bäderstraße", direkte Verbindung zwischen Wiesbaden über Schlangenbad und Bad Schwalbach bis nach Bad Ems an der Lahn) hindurch direkt in das Neubaugebiet von **Walluf** hin-

R H E I N G A U

ein, das man „Am Sand" erreicht. Jetzt im „Hohlweg" an der Wal-
luftalschule vorbei durch die Wohnsiedlung bis zur Brücke über die
Bahn. Nun die Treppenstufen rechts hinab und zum Bahnhof. Dort
nach links in die „Neustraße" und über die „Hauptstraße" hinweg in
der „Johannisbrunnenstraße" bis zum Wallufer Weinprobierstand am
Rhein (30 Minuten ab Ausflugsparkplatz „Berg-Bildstock").

Nun schlendert man auf dem historischen Leinpfad (an schönen
Tagen im Kreise vieler gleichgesinnter Spaziergänger, Jogger und
Radfahrer) am Rhein entlang nach **Eltville** (45 Minuten ab Walluf).

**Turm der Kurfürstlichen
Burg Eltville**

R H E I N G A U

3. Etappe: **Eltville bis Winkel**

Wir schlendern am Rheinufer entlang bis zum **Sebastiansturm**, wo der Riesling-Pfad nach rechts in die „Leergasse" leitet. Nächstes Ziel ist die Fußgängerzone in der „Schwalbacher Straße". Nun auf dieser Straße unter der Bahnlinie hindurch etwa einen Kilometer weit in Richtung Ortsausgang laufen. Dort schert der „Wiesweg" nach halblinks aus. Die Route folgt ihm zu den letzten Häusern, von wo der Riesling-Pfad nach rechts zur Staatsdomäne „Im Baiken" führt. Er geht am Gebäude vorbei auf den Rauenthaler Berg zu und biegt am nächsten Querweg nach rechts ab. Nun in der Gemarkung auf das Plateau des Rauenthaler Berges und zum Aussichtspunkt **Bubenhäuser Höhe** (75 Minuten ab Rheinufer Eltville).

Blick auf Kiedricher Kirche

Von hier geht es in Richtung **Rauenthal**, das man bei den ersten Häusern der „Weinberg-straße" erreicht. Kurz darauf schert die „Kiedricher Straße" nach links aus (Richtung Kloster Eberbach). Die Route folgt ihr und läuft schon in der ersten Kurve auf einem Waldweg gerade-aus, zuletzt in einem langen Linksbogen, steil hinunter in den **Großen Buchwaldgraben** und zur **Rausch** (30 Minuten ab Bubenhäuser Höhe, beliebte Aus-flugsgaststätte).

Nun auf einem Pfad 20 Meter oberhalb der Straße im Wald ent-lang bis zum **Neuen Forsthaus** von Eltville. Hier schert der Ries-ling-Pfad nach rechts aus dem **Sülzbachtal** aus und steigt im Hang empor zu einem herrlichen Aussichtspunkt am Waldrand (Sitzbank). Weiter rechts aufwärts leitet der **Riesling-Pfad** bis in den Wald hin-ein und biegt dann nach links ab. In einem leichten Rechtsbogen führt der Weg wieder in die Wingertsgemarkung und hinüber zur **Ruine Scharfenstein** (Ruheplätze, herrliche Aussicht). Von hier gelangt man auf einem Pfad in Serpentinen hinunter ins Tal und zum Marktplatz von **Kiedrich** (60 Minuten ab Rausch).

Der Weinort preist sich als „Insel der Gotik". Nirgendwo sonst im Rheingau ist der mittelalterliche Dorfkern mit alten Fachwerkfas-saden so gut erhalten geblieben wie hier. Die Valentinuskirche behei-

R H E I N G A U

Basilika von Kloster Eberbach

matet die älteste spielbare Orgel Deutschlands. Auf ihr werden die Kiedricher Chorbuben begleitet, wenn sie gregorianische Choräle nach gotischen Hufnagelnoten singen. Das ist weltweit einmalig. Seit 1976 ist in der Gemarkung ein „Weinberg der Ehe" angelegt, seit 1979 direkt daneben ein „Kinderweinberg".

Aus der Ortsmitte folgen wir der „Oberstraße" zunächst zur „Bingerpfortenstraße" und weiter zur „Mariahilfstraße". Hier weist die Markierung des Riesling-Pfades nach rechts aufwärts. Der asphaltierte Wirtschaftsweg führt in die Weinbergsgemarkung. Nun immer geradeaus den Wegweisern nach, die auf einen großen Acker leiten. Nun heißt es genau gucken: In Höhe des zweiten Hochsitzes steht mitten im Feld ein Holzpfahl. Hier knickt der Riesling-Pfad nach links zum Talgrund ab, quert den **Grünbach** und führt über einen Geländerücken hinweg zum ostseitigen Parkplatz von **Kloster Eberbach** (60 Minuten ab Kiedrich, Einkehrmöglichkeit).

Fränkische Dorfschmiede in Kiedrich

Die ehemalige Zisterzienserabtei gilt als am besten erhaltene mittelalterliche Klosteranlage Europas. Die Eberbacher Geschichte ist eng mit dem Rheingauer Weinbau verknüpft. In nie unterbrochener Kontinuität wurde hier mehr als 800 Jahre lang Wein ausgebaut, gelagert und vermarktet. Damit steht Eberbach weltweit einzig da. Das Laiendormitorium, die Basilika und der Hospitalkeller werden für Konzerte (unter anderem das Rheingau Musik Festival), Weinproben und Versteigerungen sowie Firmenpräsentationen genutzt. Im Museum wird die Geschichte des Klosters eindrucksvoll nacherzählt. Cineasten kennen Eberbach als Drehort für den Film „Der Name der Rose" nach der Vorlage von Umberto Eco.

Schloss Vollrads mit dem markanten Wasserturm

Nun schlendert man hinüber zum Parkplatz auf der westlichen Seite des **Eberbachs**. Hier leitet der Riesling-Pfad im steilen Waldhang hinauf zum Vereinsgelände der Hattenheimer Schützen. Nun noch wenige Meter bis zur Asphaltstraße, auf die man scharf nach rechts aufwärts einbiegt. Es folgt ein lang andauernder Aufstieg bis zum höchsten Punkt dieser Teiletappe am Wegetreffpunkt **Unkenbaum** (30 Minuten ab Kloster Eberbach, Sitzgruppe).

Ab hier läuft der Riesling-Pfad auf der „Unkenbaumstraße" hinunter an den Fuß des **Rebhangs**. Am „Cafe Plath" trifft man auf die Straße hinauf zur Hallgartener Zange, der man abwärts bis zum Forsthaus folgt. Dort zweigt nach rechts ein Aspaltsträßchen ab, das am Festplatz an der „Böhlerhütte" vorbei hinüberführt zum **Leimersbach**. Jenseits noch einmal leicht ansteigen in den Vorderhang des **Susberges**. Unterhalb dieser Geländekuppe schert man scharf nach links aus und findet schnell in die Weinbergsgemarkung zurück. Im folgenden leichten Abstieg verspringt der Pfad öfter um einen Querweg nach unten (Wegweiser beachten). So gelangt man unterhalb der Freizeitanlage **Kerbesberg** hinüber zur **Kühnsmühle** (60 Minuten ab Unkenbaum, Einkehrmöglichkeit).

Ab hier auf der Fahrstraße ein Stück in Richtung Rheintal, bis der Riesling-Pfad nach rechts ausschert und auf einem Feldweg hinüberläuft zum so genannten „Kuhweg" (Sitzgruppe). Jenseits einen holprigen Weg hinab ins **Friesenthal** und weiter zu **Schloss Vollrads** (20 Minuten ab Kühnsmühle).

4. Etappe: Winkel bis Rüdesheim

Mit Schloss Vollrads verknüpft sich die Geschichte eines der ältesten Adelsgeschlechter des Rheingaus: der Herren Greiffenclau von Vollrads. Weithin sichtbar ragt die Turmburg aus dem Weiher empor, um den herum sich die Schlossanlage gruppiert. Der Turm ist vermutlich bereits um 1330 errichtet worden, während die übrigen Gebäude erst im 17. Jahrhundert dazukamen. Das Schloss ist als Spielort des Rheingau Musik Festival (RMF) eine der kulturell bedeutsamsten Stätten im Rheingau. Das zugehörige Weingut hat sich in den vergangenen Jahren wieder in die Spitzengruppe der deutschen Güter emporgearbeitet. Über die RMF-Konzerte hinaus finden in den eleganten Räumen sowie dem Kavaliershaus während des gesamten Jahres weinkulturelle Veranstaltungen statt.

Auf der Westseite von **Schloss Vollrads** leitet der weingelbe Römer in die Gemarkungen „Schloßberg" und „Dachsberg" hinein. Auf einem gepflasterten Weg geht es schon bald ins Tälchen des **Ansbaches** hinab. Jenseits auf einem asphaltierten Wirtschaftsweg wieder heraus, kurz nach links und bis zum **Jungfernstieg** (Säule mit drei Damen) an der Straße, die von Winkel heraufkommt. Nun der Straße 100 Meter nach rechts bis zum Ortseingang **Johannisberg** folgen und dort mit dem weingelben Römer nach links. Zunächst ein Stück in Richtung Rhein, bevor die Route an einer Klima-Infotafel des Johannisberger Weinwanderweges (siehe dort) nach rechts in Richtung Klosterkirche abbiegt und am **Goetheblick** vorbei zum **Schloss Johannisberg** führt (45 Minuten ab Schloss Vollrads).

Schloss Johannisberg

RHEINGAU

Abtei St. Hildegard in Eibingen

Das ehemalige Kloster, 1106 von Benediktinern gegründet, gilt weltweit als Synonym für Rheingauer Riesling. Weinfreunde schätzen es als Geburtsort der Spätlese (1775). Zu Füßen des Berges, der vollständig mit Riesling bepflanzt ist, wird Weinbau bereits im Jahr 817 bezeugt. Das Schloss ist neben Kloster Eberbach Hauptspielstätte des Rheingau Musik Festivals und zugleich weinkultureller Mittelpunkt für viele weitere Veranstaltungen. Der Blick von der Schlossterrasse, der schon Goethe begeisterte, gehört zum schönsten, was der Rheingau zu bieten hat.

Das nächste Ziel heißt Kloster Marienthal. Entlang der Schlossallee erreicht man die Straße „Am Erntebringer" und kurz darauf die Alte Kelter am Bürgerhaus. Nun über die Straße hinweg in die „Pfarrer Neuroth-Straße" hinein bis zum „Flecken" und diesen nach rechts hinauf zur „Niclas-Vogt-Straße". Hier nach links und auf dem asphaltierten Weg in die Weinbergsgemarkung hinein. In einem weiten Rechtsbogen geht es unterhalb von **Schloss Hansenberg** hinüber zu einem Aussichtstempelchen der Flurbereinigung, wo die Route nach halblinks ins **Elsterbachtal** abbiegt. Nun entlang des Bürgersteiges an der **Oster-** und der **Schleifmühle** vorbei zum **Kloster Marienthal** (45 Minuten ab Schloss Johannisberg). Es beheimatete einst die erste Klosterdruckerei der Welt. Marienthal ist seit Jahrhunderten ein bedeutendes Zentrum der Wallfahrt.

Auf Höhe des Hotels Gietz weist der weingelbe Römer aufwärts in den Wald hinein. Wenige Meter auf schmalem Pfad steil hinauf, der an den Häusern des Neubaugebietes **„Hähnchen"** abflacht. Der Riesling-Pfad läuft durch die Wohnsiedlung hindurch hinüber zur Straße zwischen Geisenheim und den Höhengemeinden Stephanshausen und Presberg, quert diese, passiert die **Antoniuskapelle** und erreicht schließlich das ehemalige **Kloster Nothgottes** im gleichnamigen Tal (30 Minuten ab Kloster Marienthal).

Seilbahn über Rüdesheim

Nun geht es auf der Straße zur **Siedlung Windeck** und weiter in Richtung Rheintal bis zum Abzweig nach **Kloster Hildegardis**. Der wuchtige Bau wurde 1904 errichtet, die Tradition des Klosters reicht aber bis ins 12. Jahrhundert zurück. Die Geschichte der Abtei, in der noch immer Benediktinerinnen erfolgreich Weinbau betreiben, ist eng mit Hildegard von Bingen verknüpft, der berühmten Gelehrten des Mittelalters. Der Riesling-Pfad läuft am Kloster vorbei und trifft schließlich nach einem leichten Rechtsbogen auf die Straße, die von Rüdesheim nach Presberg führt. Er quert die Straße und leitet jenseits in die Weinberge des „Bischofsberges" hinein. Nun in einem weiten Bogen bis zur Seilbahntrasse unterhalb des Niederwalddenkmals. Wenige Meter später entdeckt man einen Treppenweg, der am **Rebenhaus** (Einkehrmöglichkeit) vorbei über 300 Stufen hinaufleitet zum berühmten **Niederwalddenkmal** (60 Minuten ab Nothgottes).

Die gewaltige Statue steht auf hohem Sockel über dem Rheintal und erinnert seit 1883 an den 1870/71er Krieg gegen Frankreich. Die „Germania" oder auch „preußische Muttergottes", wie der Volksmund die aus 700 Tonnen Bronze gegossene Dame nennt, hält zum Zeichen des Friedens das Schwert nach unten gesenkt. Der Blick von oben auf das Rheintal, die Nahemündung und weit nach Rheinhessen sowie in den Hunsrück hinein lockt alljährlich Touristen aus aller Welt an. Wer sich lange genug satt gesehen hat, schlendert auf dem Treppenweg und durch die Weinberge hinab nach Rüdesheim oder lässt sich mit der Kabinenbahn bequem in die quirlige Weinmetropole schaukeln.

Niederwalddenkmal im Abendlicht

RHEINGAU

5. Etappe: **Rüdesheim bis Lorch**

Mäuseturm bei Bingen

Am fünften Tag erreicht man das Tor zum Weltkulturerbe Mittelrheintal. Man folgt zunächst der „Rheinstraße" parallel zur Bahn bis zur **Brömserburg**, dort nach rechts die „Burgstraße" hinauf bis zur „Oberstraße", spaziert wenige Meter nach rechts und gelangt am „Feldtor" nach links in die Gemarkung. Dort gleich wieder nach links in Richtung **Ehrenfels** (45 Minuten ab Rüdesheim). Die gewaltige Burgruine thront mächtig über dem engen Binger Loch. Sie bildete dereinst mit dem **Mäuseturm** (von Maut) auf der Insel im Rhein eine einträgliche Zollsperre. Der Blick reicht hinunter auf die Mündung der Nahe und weit in den Hunsrück hinein.

An der Ehrenfels wenige Meter vorbei, um dann in kurzem Aufstieg über Treppenstufen auf den „Riesling-Pfad" zu stoßen, der oberhalb der Burgruine in Richtung Assmannshausen verläuft. So gelangt man zum **Frankenthal** und auf dem „Bohrenweg" (bor = Anhöhe) zur Rast in dem weltberühmten Rotweinort **Assmannshausen** (60 Minuten ab Ehrenfels).

Nun kurz auf der Straße in Richtung Aulhausen, bis die Route hinter den letzten Häusern nach links in den **Höllenberg** weist. In zwei Serpentinen gewinnt der Pfad auf dem befestigten Wirtschaftsweg an Höhe. Weiter oben verlässt er die Weinbergsgemarkung und führt als Felsenpfad in den Wald hinein. So gelangt man zu einem aufgelassenen Steinbruch, passiert wenig später eine Jagdhütte und erreicht schließlich die **Paul Claus-Hütte**, einen herrlichen Aussichtspunkt gegenüber von Trechtingshausen (75 Minuten ab Assmannshausen).

Abendstimmung bei Rüdesheim

Brömserburg

Ruine Ehrenfels und Binger Mäuseturm

Entlang des „Felsweges" geht es weiter bis zum **Bodental**, wo ein schmaler Pfad (auf den richtigen Abzweig im Wald achten!) nach links abzweigt, der direkt zum **Campingplatz Suleika** führt (45 Minuten ab Paul Claus-Hütte, Einkehrmöglichkeit). Nun in der Weinbergsgemarkung auf halber Höhe zwischen Wasser und Wald am Aussichtsfass der Lorcher Winzer vorbei in Richtung **Bächergrund** und weiter nach **Lorch**, der Stadt des Ritters Hilchen an der Mündung der Wisper (90 Minuten ab Camping Suleika).

Lorch begleitet den Rhein auf mehr als drei Kilometern mit nur einer einzigen Straßenzeile. Mehr Platz haben die Weinberge im Rücken und der Bahndamm am Rheinufer nicht gelassen. Weithin sichtbar ist die Pfarrkirche St. Martin. Wo Lorch aufhört, fügt sich Lorchhausen an, noch einen Hauch schlanker als Lorch. Danach hört Hessen auf, und damit auch der Rheingau.

Lorch mit Großer Werth (Insel)   Pfalz bei Kaub

6. Etappe: **Lorch bis Kaub**

Der letzte Tag vereint noch einmal in idealer Weise alle Elemente des Rheingauer Riesling-Pfades: Wald, Wasser und Wein. Man quert die **Wisper**, wandert jenseits in die „Bleichstraße" und biegt kurz darauf nach halbrechts in die „Jahnstraße" ein. Nach etwa 300 Metern geht diese in die Straße „Am Rebenhang" über. Hier weisen die Markierungen nach rechts aufwärts in die Weinberge. Man folgt dem Riesling-Pfad in Serpentinen bis kurz unterhalb der **Ruine Nollig**. Die Route erreicht die ehemalige Grenzfeste nicht, sondern zieht zuvor am Hang nach links in Richtung **Lorchhausen**. Oberhalb der Häuser läuft der Riesling-Pfad nach rechts ins **Retzbachtal** hinein, quert das Tälchen und findet jenseits in der Flanke des „**Engweger Kopfes"** in den Vorderhang zum Rheintal zurück. Nun fast höhengleich zum **Obertal** und zu Füßen des **Scheibigkopfes** ein Stück weit ins **Niederthal** hinein (2 Stunden ab Lorch).

Das Tal bildete bereits in früherer Zeit die Grenze des Rheingaus. Hier standen einst die Galgen des Mainzer Hochgerichts denen der Kurpfalz direkt gegenüber. Die Grenze besteht noch immer, doch hat sie ihre Schrecken längst verloren. Im Gegenteil: Eine schmucke Brücke führt hinüber nach Rheinland-Pfalz, eine Infotafel gibt Kunde von der Geschichte des Tals, eine Ruhebank lädt zur Rast.

Aus dem engen Bachtal führt ein Pfad in kleinen Serpentinen hinauf bis unter die Höhe 293, unterhalb der man nach links abbiegt. Nun leiten die Markierungen im gemächlichen Abstieg durch den Wald bis zum **Schenkelbachtal**, wo man die Weinbergsgemarkung erreicht und am Bahnhof schließlich auf die ersten Häuser von **Kaub** trifft (90 Minuten ab Niederthal).

Der Blick bleibt automatisch an der Pfalzgrafenstein haften, die sich wie ein gewaltiges Schiff aus dem Strom erhebt. Die Burg mit den fünf Ecken ist die einzige am Rhein, die nicht am Hang steht. Man sollte sich die Zeit nehmen, mit dem Ausflugsboot zur „Pfalz" überzusetzen und die Burg zu besichtigen. Dabei erfährt man nicht nur vieles über den Zoll am Rhein, sondern lernt auch General Blücher kennen. Der preußische Feldmarschall ließ exakt an dieser Stelle in der Neujahrsnacht 1813/14 eine Pontonbrücke bauen und marschierte mit 60.000 Soldaten, 20.000 Pferden und 220 Geschützen über den Rhein, um Napoleon auf der gegenüberliegenden Seite zu verfolgen. Der legendäre Übergang ist im Blüchermuseum des Ortes mit tausenden Zinnfiguren en detail nachgestellt.

RHEINGAU

Nahe
Vielfältiges Juwel

S ie gibt Gelegenheit für mehrerlei Wortspiele: die Nahe. Sie liegt näher, als man denkt, das Gute liegt an ihr so nahe, und deswegen kommt man sich an ihr auch gerne nahe. Was derart gepriesen wird, beeindruckt Weinkenner vor allem durch seine Vielfalt. Häufig wird die Nahe als „Probierstübchen des deutschen Weines" beschrieben. Die Region vereint in sich die Vorteile der übrigen Anbaugebiete Deutschlands. Die Beschaffenheit der Böden erinnert an eine interessante Geologiestunde. Sie entstammen meist aus der Zeit, als der Hunsrück noch ein Hochgebirge war. Nicht weit weg brandete einst ein Meer, in dessen Fluten sogar Haie schwammen, deren Zähne man in der Nähe fand.

Die Vorzüge des milden Klimas sowie der besonderen Böden machen aus einem Gebiet, in dem man Wein anbauen kann, eine Region, in der man Wein anbauen muss. Dies erkannten schon die Römer, die die Reben an die Ufer der Nahe brachten. Erste schriftliche Belege des Naheweinbaus sind in Urkunden des Klosters Lorsch aus dem 8. Jahrhundert erhalten. Berühmt ist Hildegard von Bingen (1098-1179), die zeitweise auf dem Kloster Disibodenberg lebte. Bis zum 18. Jahrhunderten gehörten die meisten Weinberge der Kirche oder dem Adel. 1900 wurde in Bad Kreuznach die Provinzial-Weinbaulehranstalt gegründet, aus der die Lehr- und Versuchsanstalt sowie die Weinbautechnikerschule hervorgingen. Trotzdem mussten die Nahe-Winzer noch bis zum Weingesetz 1971 warten, bis ihr Anbaugebiet den heutigen Namen erhielt.

Neben dem Weinbau (die Hälfte aller Ortschaften gelten als Weinbaugemeinden) hat der Kurtourismus an der Nahe schon immer eine bedeutende Rolle gespielt. Bad Kreuznach, Bad Münster am Stein-Ebernburg sowie Bad Sobernheim bieten entspannende Erholung und Linderung von Leiden. Wegen der landschaftlichen Vorzüge ist die Region heute auch beliebtes Ziel für Tagesausflügler aus dem gesamten Rhein-Main-Gebiet.

Insbesondere im mittleren Abschnitt zwischen der Mündung des Glan bei Bad Sobernheim und der Alsenz bei Bad Münster fügen sich Wald, Wiesen, Wasser und Wein zu einem Gesamtkunstwerk zusammen. Besonders eindrucksvoll: die gewaltige Wand des Rotenfels, die sich bei Bad Münster 190 Meter fast senkrecht aus dem Tal aufreckt.

Doch es gibt auch stille, verborgene Winkel entlang des Flusses. Insbesondere einige Seitentäler, in denen sich zum Teil auf wenigen Hektar Fläche ein spezielles Mikroklima herausgebildet hat, sind der Hektik des heutigen Alltages weit entrückt. Zudem findet der Weinfreund und Wanderer an der Nahe auch größere zusammenhängende Waldgebiete. Besonders im Soonwald und im Hunsrück verbergen sich viele Burgen im Gebüsch. Ein Großteil der Ruinen sind heute frei zugänglich.

Der Hunsrück ist die Heimat des legendären Schinderhannes. War Johannes Bückler, so sein bürgerlicher Name, nun ein gemeiner Räuber oder ein edler Held? Gelehrte streiten sich noch immer darüber, während die Hunsrücker ihrem Robin Hood nicht nur zum 200. Jahrestag seiner Hinrichtung (21. November 1803) huldigten. Man kann sich auf Schinderhannes-Wegen und -Loipen tummeln, dem Schinderhannes-Radweg folgen oder an einer Schinderhannes-Rallye teilnehmen.

Das Schicksal des Schinderhannes liefert zudem Stoff für Theaterstücke, in denen Bückler und seine Kumpanen auf der Bühne wieder auferstehen. Auch die Zeit der Ritter und Recken bleibt an der Nahe lebendig: Beim großen mittelalterlichen Markt Mitte September in Bad Münster am Stein-Ebernburg kehren Gaukler, Geschichtenerzähler und gefährliche Gesellen in die Stadt zurück

Kulinarisch hat die Nahe einiges auf der Pfanne. Allen voran Johann Lafer, Fernseh-Koch von der Stromburg. Er ist zwar der bekannteste, doch längst nicht der einzige Gourmet-Gastronom der Region. Genießen wird auch auf den Weinfesten großgeschrieben. Dort und in den Restaurants der Region lässt man sich viel einfallen: Nicht einfach Wurst, Weck und Wein soll es sein. Seit 1995 präsentiert der „Dibbegucker"-Wettbewerb in jedem Jahr eine regionaltypische Spezialität wie Rilles Ralles (1995), die Grumbeereeworscht (1996), die Nahetaler Ofenschlupfer (1999) oder die Brockelbohnesupp (2003).

Und dann sind da vor allen übrigen auch noch die Winzer. Einige von ihnen haben sich am Weinhimmel festgesetzt: an der Spitze Hermann Dönnhoff (Oberhausen) und Armin Diel (Burg Layen), aber auch die Weingüter Emrich-Schönleber (Monzingen), Kruger-Rumpf (Münster-Sarmsheim) und Dr. Crusius (Traisen). Sie sowie viele andere Gutsschänken und Straußwirtschaften laden ein zum Nahe-Wein. Am liebsten nach einem gemütlichen Spaziergang auf einem der nachfolgend beschriebenen Weinwanderwege.

Das Anbaugebiet

Geographische Lage: Von der Mündung bei Bingen fluss-aufwärts bis kurz vor Kirn; die Nebentäler der Alsenz, des Ellerbachs, des Glan, des Gräfen-, des Gulden- und des Trollbachs.

Klima: Das Nahetal ist eine der wärmsten und nieder-schlagsärmsten Regionen Deutschlands, mit 1750 Sonnen-scheinstunden und 500 mm Niederschlag, in einigen Sei-tentälern noch weniger.

Bestockte Rebfläche: 4.300 Hektar (4,3 Prozent der deut-schen Weinbaufläche), davon 30 Prozent flache Lagen, 50 Prozent Hanglagen, 20 Prozent Steillagen.

Lagen: 1 Bereich, 7 Großlagen, 312 Einzellagen.

Rebsorten weiß: Riesling (25%), Müller-Thurgau (16 %), Silvaner (8 %), Kerner (7 %), Sonstige (24 %), Gesamt: 80 %.

Rebsorten rot: Dornfelder (9 %), Blauer Spätburgunder (5 %), Portugieser (3 %), Sonstige (3 %), Gesamt: 20 %.

Betriebsstruktur: 900 gemeldete Betriebe, 300 Vollerwerbler, 6,2 % der Ernte gehen an Genossenschaften und Erzeuger-gemeinschaften.

Erntemenge: im Zehn-Jahres-Durchschnitt 90 hl/ha.

Weinland Nahe e.V.
Burgenlandstraße 7
55543 Bad Kreuznach
Telefon: 06 71 / 8 34 05-0
Fax: 06 71 / 8 34 05-25
info@weinland-nahe.de
www.weinland-nahe.de

N A H E

Die Freizeit-Region

Touristische Routen: Naheweinstraße (130 Kilometer von Münster-Sarmsheim flussaufwärts bis Martinstein und am Südhang des Soonwaldes wieder zurück, Markierung „blaues N mit stilisierter Traube"), Deutsche Edelsteinstraße (zwei Rundkurse mit 48 / 30 Kilometer im Bereich Idar-Oberstein und Herrstein, Markierung „Edelstein im Farbbogen"), Naheradweg (120 Kilometer von der Quelle bei Selbach bis zur Mündung bei Bingen mit 500 Kilometern ausgeschilderten Nebenrouten, Markierung „Radsymbol"), Nahehöhenweg (125 Kilometer von Selbach bis Bingen, Markierung „blaues N" im Saarland, „weißes N" in RLP), Weinwanderweg Nahe (90 Kilometer von Martinstein bis Bingen, mit vielen örtlichen Rundwegen, Markierung „Große Traube", lückenhaft), Ausonius-Wanderweg (126 / 119 Kilometer von Bingen bis Trier, Markierung „weißes AU").

Sehenswert: Bad Kreuznach (Brückenhäuser, Salinental), Bad Münster am Stein-Ebernburg (Kurpark, Seilfähre Huttental), Bad Sobernheim (Barfußpfad), Bretzenheim (Felsen-Eremitage), Idar-Oberstein (Felsenkirche), Niederhausen (Stausee), Odernheim (Klosterruine Disibodenberg.

Museen: Bad Kreuznach (Schlossparkmuseum), Bad Sobernheim (Freilichtmuseum), Feilbingert (Schmittenstollen), Guldental (Feldbahnmuseum), Idar-Oberstein (Deutsches Edelsteinmuseum), Windesheim (Orgel-ART-Museum).

Aussichtspunkte: Rotenfels und Rheingrafenstein (Bad Münster am Stein), Lemberg (Oberhausen), Alteburg (Soonwald).

Top-Tipp: Draisinentour im Glantal (40 Kilometer auf dem Schienen-Trimmrad im Glantal von Altenglan bei Kusel bis Staudernheim, Reservierung unbedingt notwendig).

Naheland-Touristik GmbH
Bahnhofstraße 37
55606 Kirn
Tel.: 0 67 52 / 13 76 10
Fax: 0 67 52 / 13 76 20
info@naheland.net
www.naheland.net

21 | Weinlehrpfad Guldental

Zwischen Soonwald und Binger Wald hat sich der Guldenbach sein Tal gegraben. Er entspringt im Hunsrück. Die waldreiche Region hat ihren Namen vielleicht von den Hunnen, vielleicht aber auch von ihrer Form in Gestalt eines gekrümmten Hunderückens. Eine Anekdote indes erklärt es so: Während der Besatzung unter Napoleon versuchte ein Soldat, ein Huhn zu stehlen. Doch die Bauersfrau bemerkte den Dieb, lief zur Tür hinaus und schrie ihm hinterher „Huhn serick! Huhn serick!" Da sich das Ganze an vielen Orten im Hunsrück wiederholte, wurde der Ausruf zum Erkennungszeichen.

Die Weinbaugemeinde Guldental existiert formell erst seit 1969. Damals wurden die beiden Gemeinden Waldhilbersheim und Heddesheim zu Guldental verschmolzen. Bekannt ist der Ort vor allem wegen seiner Weinlagen an den Südhängen des Guldenbaches. Guldental ist neben Bretzenheim, Dorsheim, Langenlonsheim, Laubenheim, Rümmelsheim und Windesheim eine der sieben Ortschaften der Verbandsgemeinde Langenlonsheim. Heddesheim spielt in der Historie der Naheregion eine besondere Rolle. Es ist Geburtsort von Johann Michael von Obentraut (1574-1625), seit dem Dreißigjährigen Krieg besser bekannt als der Deutsche Michel, und von Gustav Parrius (1800-1884), dem Sänger des Nahetals und Verfasser des ersten gedruckten Fremdenführers über die Region. Nahe der evangelischen Kirche, in der sein Vater einst predigte, steht seit 1584 ein schöner alter Ziehbrunnen im Dorf. Es ist der älteste erhaltene Brunnen in der früheren Rheinprovinz.

Startpunkt: Friedhof Guldental
Markierung: G 1
Länge: 4,8 Kilometer, Rundweg, durchgehend befestigt
Gesamtdauer: 1 Stunde, 45 Minuten

Verbandsgemeindeverwaltung
Naheweinstraße 80, 55450 Langenlonsheim
Telefon: 0 67 04 / 929 - 0, Fax: 0 67 04 / 929-45
rathaus@vglangenlonsheim.rlp.de
www.langenlonsheim.de

➜ Wein- und Sektfestival am letzten Wochenende im August

N A H E

Sandsteinschichten am Sonnenberg

Der Startpunkt des Weinlehrweges am Friedhof ist leicht zu finden: Im Ortsteil **Heddesheim** steht an der „Friedhofstraße" eine große Wandertafeln, auf der mehrere Rundwege skizziert sind. Dazu gehört auch der „G 1", der die Route des Lehrpfades umspannt. Über die Bahngleise hinweg schlendert man zur Ecke des Friedhofs, wo der Weg an einer Doppelkorbkelter beginnt. Erstes Ziel ist die **Sonnenberghütte**. Die Rebsortenschilder informieren unterwegs immer nach dem gleichen Schema: Zunächst wird die Herkunft der Sorte erklärt, dann der Wein cha-

Fassboden am Lehrpfad

rakterisiert, danach die Ansprüche genannt, welche die Sorte an Lage und Böden stellt, und schließlich noch das Aussehen der Trauben beschrieben. Die Rebsortentafeln sind größtenteils identisch mit denen im benachbarten Windesheim (siehe dort).

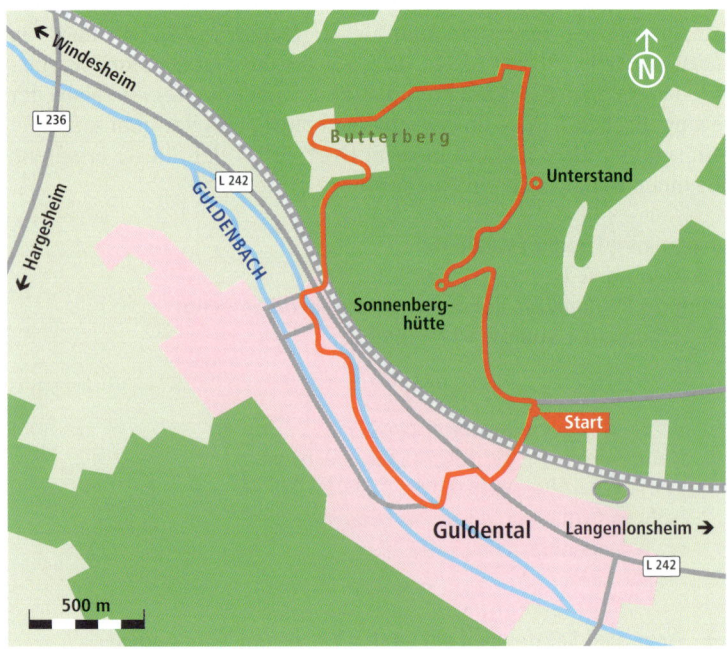

Das erste Schild steht schon an der Friedhofsmauer: Silvaner. Die Route passiert im Aufstieg ein Feldkreuz (Ruhebank), daneben stehen eine Traubenmühle und ein Ackerpflug. Im folgenden Linksbogen des Weinbergsträßchens erklärt ein Schild den Ehrenfelser. Anschließend geht es weiter hinauf zur **Sonnenberghütte**, die von Beginn der Tour an zu sehen ist (30 Minuten ab Start).

Die verschlossene achteckige Grillhütte (sie kann für Feiern gemietet werden) ist ein Schmuckstück. Neben der Hütte ist eine kleine Kelter errichtet. Der eigens angelegte Terrassenweinberg zeigt, dass früher selbst winzige Parzellen noch bestockt waren. Direkt unterhalb der Hütte steht das Schild Blauer Spätburgunder.

Nun um die Hütte herum und auf der Asphaltstraße weiter aufwärts zum nächsten Schild, das eine Besonderheit des Nahetals erläutert: das Rotliegende. Es entstammt der Zeit, als der Hunsrück noch ein Hochgebirge war. Im Verlauf der Nahe senkte sich das Gelände ab und es entstanden Mulden, in denen sich Erosionsschutt sammelte, der sich zu Sandsteinschichten verdichtete.

Kirche in Guldental

Nach weiterem kurzen Aufstieg gelangt man auf das Plateau oberhalb des **Guldentals**. Hier informiert ein Schild über den Arbeitsaufwand im Jahr pro Hektar. Die Mühen addieren sich im Weinberg pro Hektar leicht auf 850 Stunden in flachen und 1050 in steilen Lagen. Hinzu kommt die Arbeit im Keller – und dann muss der Wein ja auch noch verkauft werden.

Direkt daneben informiert das Schild Scheurebe über die Kreuzung des bekanntesten rheinhessischen Rebenzüchters Georg Scheu. Wenige Meter weiter mündet der „G 1" auf einen Querweg ein und folgt diesem nach halblinks auf einen gemauerten Unterstand zu. Direkt an der Einmündung erklärt ein Schild die Qualitätsstufen des Weins. Nun auf den Unterstand zu (Ruhebank), vor dem ein Schild das Weinland Nahe preist.

Nun geht es noch etwa 200 Meter weiter in voriger Richtung auf den Langenlonsheimer Wald zu. Kurz vor der Linkskurve der Straße steht das Schild Müller-Thurgau. Im Straßenknick informiert eine Tafel über Kies- und Sandablagerungen sowie die Besonderheiten der Böden.

In dem S-Bogen etwa 100 Meter nach dem Knick (Ruhebank) sind Schädlinge und Krankheiten aufgelistet. Der Lehrpfad führt nun leicht abwärts mit Blick auf die Kirche in Guldental und den Nachbarort Windesheim. Er passiert dabei das Schild Bacchus. Nach der nächsten Ruhebank fällt der Weg ein wenig steiler ab und führt auf eines von mehreren großen Kreuzen in der Gemarkung zu. Dort wird der Kerner erklärt. Die folgenden Informationen zu Silvaner und Ehrenfelser kennt man bereits von unterwegs.

In der Linkskehre des Weges lädt eine Ruhebank noch einmal zur Rast ein. Wer die Aussicht ins Tal lange genug genossen hat, schlendert weiter abwärts. Durch Hecken und Gebüsch schimmern immer wieder interessante offen liegende Sandsteinbrüche durch. Auf dem Weg in den kleinen Taleinschnitt unterhalb des **Butterberges** passiert man die bereits bekannten Schilder Rotliegendes und Weinland Nahe. Nach Erreichen der Senke bleibt man auf dem Asphaltsträßchen und läuft an weiteren bereits bekannten Info-Tafeln hinunter zum Ende des Weinlehrpfades an der Bahnlinie (60 Minuten ab **Sonnenberghütte**, interessanter Felsaufschluss).

Hier beschreibt eine kleine Tafel die Geschichte von Guldental. Nun sollte man das Dorf auch kennenlernen und hineinwandern in den Ortsteil **Waldhilbersheim**. Auf der „Naheweinstraße" geht es kurz nach links und dann auf der „Brückenstraße" über den **Guldenbach** hinweg. Nach der Brücke gleich wieder links in die Straße „Am Bangert". An deren Ende entdeckt man einen kleinen Pfad, der direkt am Bach entlang ins Neubaugebiet am „Dammweg" führt. Hier nun an der Schule und dem Spritzenhaus der Feuerwehr vorbei zum kleinen Eisernen Steg, wo man den **Guldenbach** erneut quert und am Museum sowie den beiden Kirchen vorbei zum Ausgangspunkt zurückfindet (15 Minuten ab Ende Weinlehrpfad).

Weinland – Nahe

Probierstübchen der deutschen Weinlande
Die Nahe, die durch Hügel, Felder und Waldgebiete, vorbei an Porphyrfelsen und Rebhängen zum Rhein hinfließt, gab dem Weinbaugebiet seinen Namen. Reben prägen den Charakter dieser lieblichen, ruhigen Landschaft mit ihren Winzerdörfern und weltbekannten Kurorten mit den heilsamen Quellen.

Vor über 2000 Jahren wurde durch römische Legionäre der Rebenanbau an der Nahe eingeführt und zahlreiche Funde zeugen von einer reichen geschichtlichen Vergangenheit.

Heute gehört das Naheland mit 4500 ha Rebfläche zu den bekannten deutschen Weinbaugebieten. Durch die Vielfalt der Bodenarten und bedingt durch ein besonders günstiges Klima bietet die Nahe Weinspezialitäten für jeden Geschmack und jede Gelegenheit.

Die Nahe-Weine vereinen in sich fast alle Besonderheiten der deutschen Weinbaugebiete und deshalb lädt das „Probierstübchen Nahe" auch Sie ein, diese Weine zu probieren!

Infotafel

22 | Weinlehrpfad
Monzingen

Zu den ältesten Orten im Tal der Nahe zählt Monzingen, in einer Urkunde des Klosters Lorsch 778 als „Monzecha" erstmals erwähnt. Funde lassen darauf deuten, dass hier um 800 bis 600 v. Chr. schon Kelten siedelten. Im Mittelalter erlebte der Ort eine frühe Blüte, nachdem Kaiser Karl IV. der Ackerbürgersiedlung schon 1355 die Stadtrechte verlieh. Wenige Jahre später entstand die Stadtmauer, deren Reste noch heute zu entdecken sind. Das Alt'sche Haus (Hauptstraße 59) wird in vielen Prospekten als schönstes Fachwerkhaus an der Nahe gepriesen. Andere imposante Gebäude sind das Rathaus, das Haus Müller (Hauptstraße 64), das Haus Stauch (Hauptstraße 12) und das Haus Partenheimer (Hauptstraße 63).

Besonders stolz sind die Monzinger darauf, dass ihr Wein der einzige von der Nahe ist, den Goethe in seinem berühmten Bericht über das Binger Rochunsfest von 1814 erwähnte. Heute gehört Monzingen zur Verbandsgemeinde Bad Sobernheim.

Die nachfolgende Beschreibung gliedert den Weinlehrpfad in zwei Teile: Zum einen wird er von Monzingen aus Richtung Osten bis Bad Sobernheim beschrieben, zum andern in Richtung Westen bis Martinstein. Wer gut zu Fuß ist, kann beide Routen miteinander kombinieren.

Startpunkt: Rathaus Monzingen
Markierung: „N" mit Traube
Länge: 7 km (+ 5 Kilometer Rückweg), durchgehend befestigt
Gesamtdauer: 2 Stunden (+ 45 Minuten Rückweg)

Verkehrsverein Monzingen
Hauptstraße 86, 55569 Monzingen
Telefon und Fax: 0 67 51 / 12 81
verkehrsverein@monzingen.de
www.monzingen.de

→ **Weinblütenfest 3. Wochenende im Juni, am 3. Samstag im September Wandern und Probieren entlang des Weinwanderweges**

NAHE

Vom Halenberg zum Heilbad

Der Weinwanderweg Mittlere Nahe ist weniger ein Lehrpfad als ein ausgedehnter Weinwanderweg (Gesamtlänge 13,5 Kilometer von Bad Sobernheim bis Martinstein) mit einigen Rebsortenschildern. Die nachfolgend beschriebene Tour verläuft von Monzingen naheabwärts zum Felkebad Bad Sobernheim und von dort in einer Schleife zurück. Die zweite Route (Monzingen bis Martinstein) wird gesondert beschrieben.

Man läuft zunächst auf der „Hauptstraße" von **Monzingen** bis zum Friedhof an der höchst gelegenen Stelle des Ortes, wo die Straße Richtung Nußbaum abzweigt. Dieser Straße 100 Meter weit folgen und dann erneut nach rechts abbiegen. In der „Sobernheimer Straße" geht es geradeaus hinauf bis zum Spielplatz am Wasserbehälter. Dort weisen die Richtungspfeile des „Weinwanderweges" nach rechts. Der asphaltierte Wirtschaftsweg führt direkt zu einer Geländekante, an der sich zum ersten mal ein herrlicher Blick ins Nahetal öffnet.

Nun geht es gleichlaufend mit dem „N" des „Naheweinweges" im **Halenberg** in stetem Auf und Ab in Richtung Bad Sobernheim. Die Hänge machen deutlich, mit welchen Problemen Weinbauregionen mit einem hohen Anteil an Steillagen kämpfen: Immer mehr Flächen fallen brach. Während man noch über die Mühen sinniert, die sich die Winzer machen müssen, wenn sie die Weinberge bewirtschaften, stößt man auf das erste Schild zum Riesling. Kurz danach lädt ein Ruheplatz an einer kleinen Aussichtsterrasse zur ersten Rast ein (45 Minuten ab Ortsmitte).

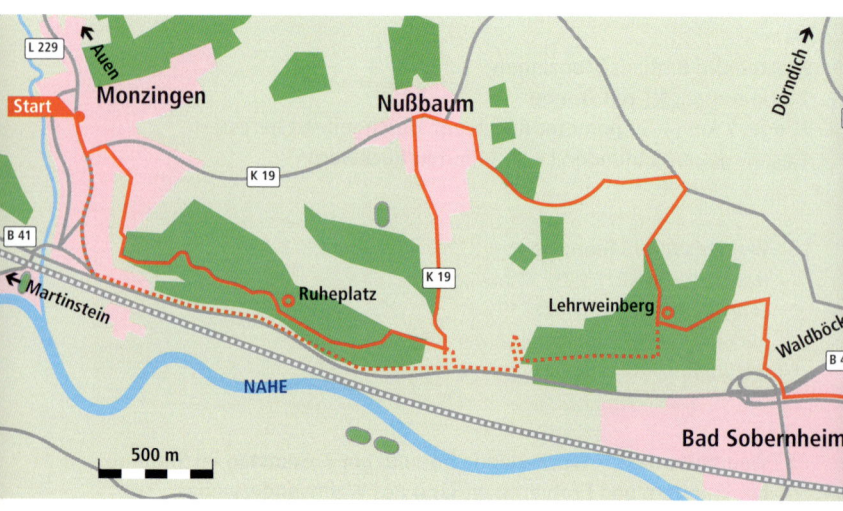

Kurz darauf erläutert das nächste Schild den Spätburgunder. Der Weinwanderweg zieht nun an einem verschlossenen weißen Wingertshäuschen vorbei bis in die Nähe des Straßenabzweigs von der B 41 in Richtung Nußbaum. Kurz zuvor schlägt er einen Bogen nach links und biegt sofort wieder nach rechts ab. In diesem Schlenker steht das Schild Kerner. Schließlich gelangt man hinab zur Straße. Hier trennen sich der Naheweinweg (läuft geradeaus weiter nach Bad Sobernheim, man lernt ihn auf dem Rückweg kennen) und der Weinwanderweg Mittlere Nahe, der links nach **Nußbaum** führt. Man folgt der Straße aufwärts ins Dorf, bis man am Ende der „Mühlenstraße" auf die „Hauptstraße" trifft (45 Minuten ab Aussichtspunkt).

Dort nach rechts und leicht abwärts bis zum Spielplatz, wo die „Hauptstraße" in die „Harder Straße" übergeht. Hier steht eine große Tafel mit Informationen zum Dorf (erste Erwähnung 1295, 592 Hektar Fläche, davon 170 Hektar Wald und 20 Hektar Rebland). Zusätzlich sind Stationen im Jahr des Winzers mit acht Fotos dargestellt.

Schönstes Fachwerkhaus an der Nahe

Traubenmühle und Korbkelter am Lehrweinberg

Der asphaltierte Wirtschaftsweg leitet zu einem Aussiedlerhof, wo das nächste Schild steht (Optima-Rebe). Auf dem folgenden Feld- und Wiesenplateau wandelt sich der Charakter der Landschaft: Die hohe Ebene ist umkränzt von den Wäldern des Pfälzer Waldes im Süden und des Hunsrücks im Norden. Über eine Wegeeinmündung (Ruhebank) hinweg gelangt man zur Ecke des nahen Wäldchens. Hier dem „N" nach rechts folgen und direkt am Waldrand entlang bis zu der Stelle, wo das Asphaltsträßchen nach links in die Weinberge führt (Tafel Bacchus). Im Abstieg gelangt man zu einem Ruheplatz. Die Bank unter dem breit ausladenden Baum lädt zur Rast, die Sandsteinkelter, die Traubenmühle und die Korbkelter geben ein tolles Fotomotiv her. Im daneben angepflanzten Lehrweinberg stehen mehr als 30 Rebsorten (30 Minuten ab Nußbaum).

Nun heißt es, sich zu entscheiden: Wer will, kann nach links abbiegen und an den Schildern Riesling und Blauer Spätburgunder sowie einem weiteren idyllischen Ruheplatz vorbei in zehn Minuten zu einem Flutgraben in der Feldgemarkung laufen. Ab hier gelangt man zum markanten Erdbeerhäuschen, von wo aus es nur mehr weitere zehn Minuten bis nach **Bad Sobernheim** sind. Zurück geht es dann mit Bus oder Zug.

Oder man wandert vom Platz an den Keltern 100 Meter geradeaus hinab in Richtung Bundesstraße zum nächsten Querweg im Hang. Hier biegt der Naheweinweg („N") auf einen unbefestigten Weinbergsweg ein, dem man nach rechts folgt. Er führt oberhalb der Bundesstraße auf halber Hanghöhe durch die Wingerte, zum Schluss in einer Kehre auf den Radweg und zum Straßenabzweig nach **Nußbaum**. Nun die Straße queren und jenseits parallel zur B 41 auf dem Naheradweg zurück nach **Monzigen** (45 Minuten ab Lehrweinberg).

23 | Vom Frühlingsplätzchen nach **Martinstein**

Startpunkt: Historisches Rathaus Monzingen
Markierung: „N" mit Traube
Länge: 7 Kilometer (+ 5 Km), nicht durchgehend befestigt
Gesamtdauer: 1 Stunde, 45 Minuten (+ 45 / 60 Minuten Rückweg)

    Die Rundtour startet am Marktplatz im historischen Ortskern. Entlang der „Hauptstraße" geht es vom Marktplatz in Richtung „Untertor" und zu dem kleinen Dorfplatz an der „Soonwaldstraße", wo das „N" nach links in die „Römerstraße" weist. Nun über den **Gaulsbach** hinweg und 100 Meter nach rechts aufwärts zur nächsten Wegeschere. Dort biegt der „Naheweinweg" nach halblinks ab und führt auf einem Asphaltsträßchen leicht bergan. In der folgenden Rechtskehre der Straße läuft der „Weinwanderweg" auf einem Feldweg geradeaus in den Hang hinein. An der Stelle, wo er wenig später die Hangkante erreicht, ist ein kleiner Aussichtspunkt eingerichtet (Ruhebank). Der Name der Lage macht Lust auf eine Rast: Sie heißt **Frühlingsplätzchen.** Nun ist es im Hang entlang mehrerer Weinbergsmauern im steten Auf und Ab nicht mehr weit bis zum nächsten Wegetreffpunkt (Ruheplatz mit Kelter, 40 Minuten ab Ortskern).

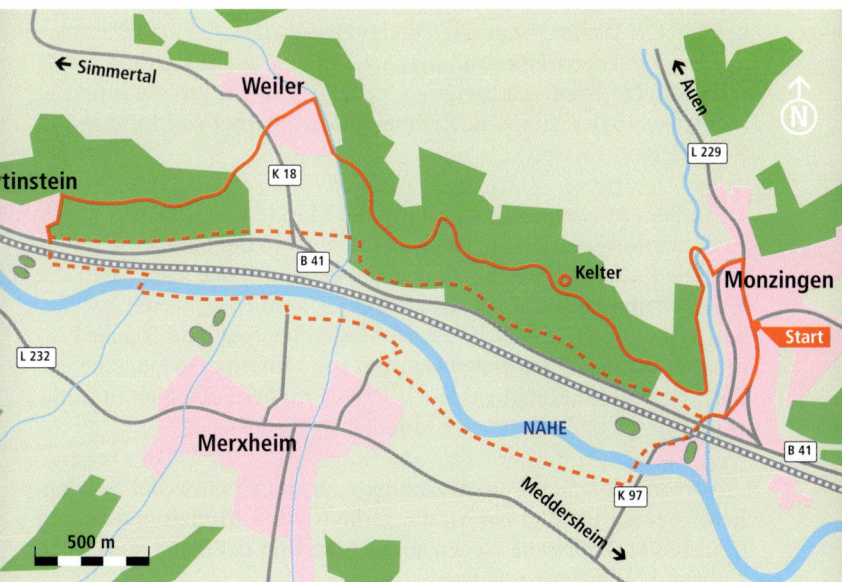

Weinwanderweg - mittlere Nahe

Historie des Weins

Origineller Rastplatz (links), Infotafel am Weg (oben)

Dort präsentiert ein Schild den Weißburgunder. Kurz darauf steht die Tafel „Dornfelder" am Weinberg. Der Weg folgt nun dem Hang in einem leichten Bogen nach rechts in eine kleine Talmulde hinein (Ruhebank). Hier weist die Markierung nach rechts aufwärts zu einem kleinen Gemarkungshäuschen (Ruhebänke). Dort knickt der Weg nach links ab und mündet schon bald auf einen breiten Wirtschaftsweg ein. Auf diesem geht es im Hang leicht abwärts bis zum kleinen Ort **Weiler**. Man erreicht das Dorf an der „Weinheckstraße" und biegt mit den Markierungen nach links ein auf den „Alten Weg". Ohne die Dorfmitte zu berühren, gelangt man zur großen Infotafel am Abzweig der Straße in Richtung Gonratherhof (40 Minuten ab Ruheplatz mit Kelter).

An dem Straßentreffpunkt weist die Markierung des Weinweges nach halblinks auf einem Asphaltsträßchen in die Gemarkung hinein. Die Kelter, die weiter oben an der Geländekante steht, spart der Weg aus und läuft stattdessen höhengleich im Hang weiter geradeaus. Dabei passiert er Schilder zu Müller-Thurgau und Blauer Portugieser. Kurz vor den ersten Häusern von **Martinstein** lädt eine originelle steinerne Ruhebank noch einmal zur Rast ein. Nun in wenigen Minuten in das Dorf (25 Minuten ab Weiler).

Von dem kleinen Weinort gelangt man zu Fuß entweder auf dem Feldweg, der parallel zur Straße verläuft, nach **Monzingen** zurück (45 Minuten) oder auf Wegen am rechten Ufer der Nahe im flachen Talgrund (15 Minuten länger).

NAHE

24 | Weinwanderweg Münster-Sarmsheim

Wenn etwas am Rande liegt, muss dies nicht unbedingt ein Nachteil sein. Nehmen wir Münster-Sarmsheim. Das kleine Dorf mit dem Doppelnamen, 1928 aus den beiden selbstständigen Gemeinden Münster und Sarmsheim zusammengefügt, gehört gemeinsam mit Bacharach, Breitscheid, Manubach, Nieder- und Oberheimbach sowie Trechtingshausen, Waldalgesheim und Weiler zur großen Verbandsgemeinde Rhein-Nahe. Funde aus der Jungsteinzeit und Hallstattzeit weisen auf eine frühe Besiedlung hin. Mit den Römern kam der Weinbau an die Nahe, der die Landschaft noch heute prägt. Bedeutende Bauten sind die Pfarrkirche St. Peter und Paul, die Kirche St. Alban und das stattliche historische Rathaus. Wanderer bewundern vor allem die bizarren Felsen im wildromantischen Naturschutzgebiet Trollbachtal.

Der Nachbarort Rümmelsheim zählt zur Verbandsgemeinde Langenlonsheim (siehe bei Guldental). Bereits im 12. Jahrhundert ließ sich Gogobold von Leyen von dem Dorf „Rimmilheim im Gau Nahgowe" so bezaubern, dass er sich nahe des Trollbachs niederließ. Die Festung (heute Burg Layen) wurde erstmals 1125 in einer Stiftungsurkunde an das Kloster Disibodenberg urkundlich erwähnt. Einst diente sie dem Schutz der Kaufleute, die von Bingen durch das Trollbachtal hinauf zu den Höhen des Hunsrücks zogen. Der Name der Burg leitet sich von „auf einer laye" ab, was früher so viel bedeutete wie „auf einem Stein / Fels".

Startpunkt: Rathaus Münster-Sarmsheim
Markierung: nicht durchgängig
Länge: 12 Kilometer, über weite Strecken nicht befestigt
Gesamtdauer: 3 Stunden

Rhein-Nahe Touristik
Oberstraße 45, 55422 Bacharach
Telefon: 0 67 43 / 91 93 03, Fax: 0 67 43 / 91 93 04
info@rhein-nahe-touristik.de
www.rhein-nahe-touristik.de

→ **Die Winzer von Burg Layen und von Rümmelsheim feiern an Pfingsten ein Weinhöfefest**

NAHE

Vom Himmelbach zum Trollfelsen

Die Wanderung startet an der katholischen Kirche von **Münster-Sarmsheim**. Zunächst geht es entlang der „Pfortestraße" ein Stück aufwärts. So gelangt man hinauf zur „Palmenstraße", von wo aus man der „Bürgermeister Schöck-Straße" nach halblinks folgt. Nun über die „Pestalozzistraße" hinweg bis zur nächsten Kreuzung, wo die „Freiherr-von-Stein-Straße" nach rechts aufwärts führt. Auf ihr erreicht man nach etwa 400 Metern den Beginn der Weinbergsgemarkung und wandert auf dem asphaltierten Wirtschaftsweg in der Senke des **Himmelbachs** weiter aufwärts. Schon bald schlägt die Straße eine scharfe Kehre nach links und leitet zu einer weiteren Kehre unterhalb vom **Keßlers-Berg** (Ruhebank). Kurz zuvor hat man einen schönen Blick auf den gegenüber liegenden Rochusberg sowie den Niederwald und das gleichnamige Denkmal auf der rechten Seite des Rheins oberhalb von Rüdesheim (30 Minuten ab Münster-Sarmsheim).

Nach der Rechtskehre führt die Route noch ein Stück bergan, bis sie am Ende des Asphaltes das Geländeplateau erreicht hat. Nun geht es auf einem unbefestigten Feldweg in voriger Richtung über mehrere Querwege hinweg weiter geradeaus bis zu einem Asphaltsträßchen, das die Route quert. Hier befindet man sich bereits auf Rümmelsheimer Gemarkung. Der Ort ist seit 1125 („Rimelisheim") urkundlich bekannt. Zu dem Dorf gehört auch der Ortsteil Burg Layen im Trollbachtal.

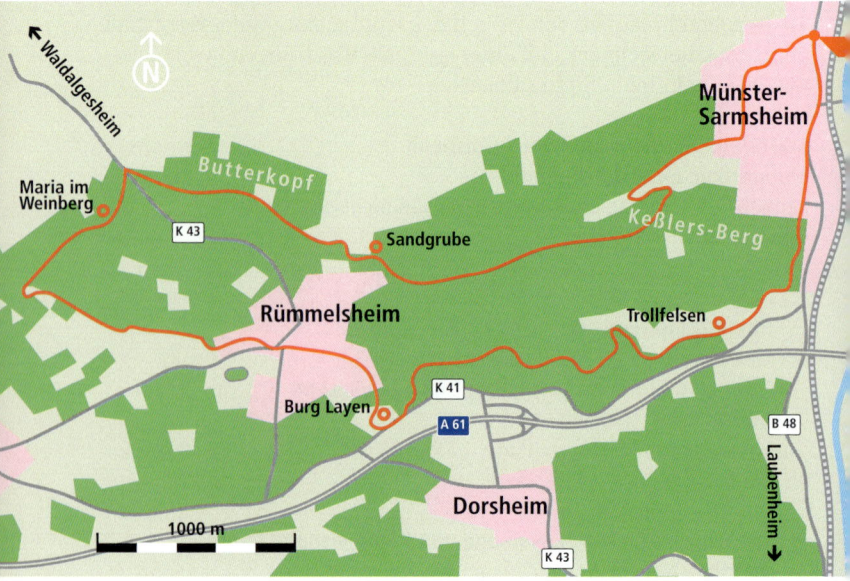

Der Wanderweg führt zwischen den Trollfelsen hindurch.

An der Kreuzung weiter geradeaus auf dem „Weinwanderweg Nahe" zur nordöstlichen Ecke des Neubaugebietes. Hier nicht nach links in das Dorf hinab, sondern auf einem Feldweg nach halblinks in die Gemarkung hinein und in einem Bogen nach rechts leicht ansteigend hinüber zu einer großen Sandgrube. Nun oberhalb des Ortes im Vorderhang des **Butterkopfes** (anfangs ein kurzes Wegstück in schlechtem Zustand) immer leicht ansteigend hinüber zum **Kieswerk** Rümmelsheim an der Straße nach Waldalgesheim (kurz zuvor Ruheplatz). Auf der gegenüberliegenden Straßenseite führt ein Betonweg in voriger Richtung in der Weinbergsgemarkung eben am Hang hinüber zum idyllischen Platz **„Maria im Weinberg"** (Ruhebank, 45 Minuten ab Kehre unterhalb Keßlers-Berg).

Wer sich hier ein kühles Nass wünscht, braucht nur die Schlegelpumpe in Betrieb zu nehmen; nach einigen Hüben plätschert das Wasser heraus. Die Route folgt dem Betonweg weiter geradeaus, bis in einer Linkskehre von rechts oben der Wanderweg „R 1" einmündet. Ab hier nun in dem kleinen Talgrund an mehreren Kleingärten sowie einem Grill- und Freizeitplatz vorbei hinab zum Ortsrand von **Rümmelsheim**. Auf der Straße „Hölle" gelangt man zunächst zur großen Wander-Infotafel am Parkplatz und von dort auf der „Waldlaubersheimer Straße" direkt in den Ort hinein. Nun entlang der „Hauptstraße" bis in den Ortsteil **Burg Layen** mit dem weithin sichtbaren Turm der Feste aus dem 12. Jahrhundert (auf einer Laye = auf einem Stein). Die Burg diente einst dem Schutz der Straße im **Trollbachtal**. Den Burgkeller teilen sich heute zwei bekannte Familiengüter, das Schlossgut Diel und die Schloßmühle Dr. Höfer. Ein dritter Nachbesitzer der Burg-Weinberge, Ferdinand Pieroth, legte den Grundstein für den größten Direktvertrieb für Wein in Deutsch-

NAHE

land, die Wein International Weingüter- und Kellerei-Verwaltung GmbH, kurz WIV, mit Sitz in Burg Layen (45 Minuten ab „Maria-Ruhe").

Unterhalb der Burg mündet die Route auf die „Naheweinstraße" ein. Diese benutzt man in Richtung Münster-Sarmsheim, bis direkt am Ortschild der Wanderweg „R 2" nach halblinks ausschert, dem man auf einem Asphaltsträßchen leicht aufwärts folgt. Über die nächste Querstraße hinweg geht es zu einer Ruhebank hinüber und von dort mit der Markierung „D 2" höhengleich in den Hang des **Honigberges** hinein. Wo der Betonweg nach rechts in Richtung **Dorsheim** ausschert, spaziert man auf dem Feldweg weiter geradeaus in die immer steiler werdenden Hänge des berühmten **Schlossberges** hinein. Wer hier die Rebzeilen hinunterschaut, erkennt sofort, was es heißt, einen Steillagen-Weinberg zu bewirtschaften: Viel Handarbeit, viel Schweiß, viel Mühe. Dass Weine aus solchen extremen Lagen nicht nur gut schmecken, sondern auch ihren Preis haben müssen, wird hier deutlich.

Turm der Burg Layen

Der Weg führt direkt auf einen der markanten Sandsteinfelsen zu, die für das **Trollbachtal** typisch sind. Hinter dem kleinen Felskopf geht es noch etwa 200 Meter in voriger Richtung weiter, bis der Weg im Hang einen Bogen nach links schlägt. Etwa 50 Meter danach schert nach halbrechts ein Pfad aus, der in zwei Serpentinen zu einem kleinen Bächlein hinunterführt. Hier heißt es aufpassen: nicht vor dem Bach nach rechts abbiegen, sondern das Rinnsal überqueren und dem Bächlein auf seiner (orographisch) linken Seite auf einem schmalen Pfädchen direkt in der Senke folgen. Etwa 300 Meter nach diesem Abzweig tritt der Bachpfad aus dem Gebüsch heraus und führt an einer Trockenmauer entlang abwärts zu dem markanten Felsentor im **Trollbachtal**. Würden hier nicht die Geräusche von der nahen Autobahn gegenüber stören, wäre dieses kurze Wegstück ein Naturidyll par excellence.

Nach dem Felsendurchlass geht es in einem langgezogenen Bogen nach links auf dem Terassenweg höhengleich in die Weinbergsgemarkung von **Münster-Sarmsheim**. Man erreicht den Ort im Neubaugebiet an der „Steinstraße" und findet entlang der „Löhrstraße" zum Ausgangspunkt zurück (60 Minuten ab Burg Layen).

25 | Weinlehrpfad Niederhausen

Im mittleren Abschnitt der Nahe zwischen Bad Kreuznach und Bad Sobernheim hat sich der Fluss tief in die Höhenzüge zwischen Hunsrück und rheinhessischem Hügelland eingefräst. Am Rotenfels ist dabei die höchste außeralpine Felswand Deutschlands stehen geblieben. Sie ragt 190 Meter über dem Fluss empor, an einigen Stellen fast senkrecht. Die kleinen Orte im Tal schmiegen sich eng an die Flanken. Wer hier Weinberge bearbeitet, muss weit mehr Arbeit (und Geld) investieren als Kollegen in Anbaugebieten mit flachem Weinbergsareal.

Dies gilt insbesondere für die Winzer in Niederhausen am linken Ufer der Nahe, einem der zehn Orte der Verbandsgemeinde Bad Münster am Stein-Ebernburg. Wahrzeichen des Dorfes ist der Nahe-Stausee mit dem imposanten Wehr, hinter dem sich ein Ruder-, Paddel- und Plantsch-Paradies aufstaut. Das Naturschutzgebiet rund um den See beheimatet seltene Tiere und Pflanzen, zum Beispiel die Würfelnatter. Für Reparaturarbeiten am Wehr ist es geplant, den Stausee im Jahr 2004 abzulassen.

Früher wurde in der Gegend Quecksilber abgebaut; Reste dieser Bergbautradition sind im Besucherbergwerk Schmittenstollen (erreichbar von Feilbingert am rechten Ufer der Nahe aus) noch immer zu besichtigen. In der Turmkapelle der evangelischen Kirche von Niederhausen sind spätgotische Motive aus dem Leben der Heiligen Barbara erhalten, der Patronin der Bergleute.

Startpunkt: Ehemalige Schule
Markierung: Blaue Traube
Länge: 4,5 Kilometer, durchweg befestigt
Gesamtdauer: 90-120 Minuten

Verkehrsverein Rheingrafenstein
Berliner Straße 60, 55583 Bad Münster am Stein-Ebernburg
Telefon: 0 67 08 / 64 178 - 0, Fax: 0 67 08 / 64 178 - 99
verkehrsverein@bad-muenster-am-stein.de
www.bad-muenster-am-stein.de

→ Weinfest am 1. Wochenende im September

Fassboden am Lehrpfad

Auf der Sonnenterrasse des Nahetals

Die Winzer von Niederhausen haben in den steilen Rebflanken einen Weinwanderweg angelegt, der nicht nur an der Nahe seinesgleichen sucht. 30 Tafeln mit Informationen säumen den Weg, an dem unterwegs zahlreiche Ruheplätze (teils idyllisch in Rebenpergolas eingebunden) mit herrlicher Aussicht zur Rast laden.

Der Weg startet an der Alten Schule von **Niederhausen** am Ende der „Schulstraße". Ein rebenumranktes Weintor mit Riesling, Kerner, Silvaner und Müller-Thurgau markiert den Beginn. Der Lehrpfad steigt zunächst gemächlich an, passiert die Schilder Herbstordnung sowie Flurbereinigung und erreicht die steilen Lagen im **Rosenheck**, dem **Steinwingert** und der **Kertz**. Was es heißt, hier Wein anzubauen, erläutert die Infotafel „Arbeitsgänge im Weinberg": In seinen 40 Arbeitsjahren legt ein

Blick auf Oberhausen und die sechsbogige Luitpoldbrücke

Winzer in solchen Wingerten eine Strecke zwischen 2500 und 4400 Kilometern je Hektar zurück; das ist mindestens so weit wie von Gibraltar nach Frankfurt, eventuell noch weiter bis nach Moskau. Und das in einem Gelände, wo manchem schon beim Hinabschauen schwindlig wird.

Kurz darauf sind die Terrassen so schmal, dass eine Bewirtschaftung nicht lohnt und die Wingerte aufgegeben wurden. Beim Erreichen der Lage **Hermannshöhle** öffnet sich der Blick auf Oberhausen am gegenüberliegenden Ufer der Nahe. Der Ort ist Ausgangspunkt für einen wunderbaren Fußweg hinauf zur Gaststätte mit Aussichtsplattform auf dem Lemberg (knapp 1 Stunde Aufstieg). Der Name **Hermannshöhle** geht auf die Sage von Hermes zurück, dem Schutzgott der Boten. Wenige Momente später tauchen die Gebäude der Gutsverwaltung **Schloßböckelheim** hinter den Reben auf. Die ehemalige Staatsdomäne (1998 privatisiert) ist mit 34 Hektar Rebfläche das größte Weingut an der Nahe.

Vor dem Gebäude-Ensemble zweigt der Weinwanderweg nach rechts ab. Im **Steinberg** geht es etwa 400 Meter steil bergauf. Ein idyllischer Ruheplatz entschädigt für die Mühen des Aufstieges. Die Tafel „Wein und Gesundheit" erklärt, was Weingenießer längst wissen: „Besser als Arznei un Troppe is en gude halbe Schoppe." Unweit entfernt liegt das nächste Ziel, ein idyllischer Grillplatz mit großer offener Hütte und Sitzplätzen für mehr als 50 Personen (bis hierher 60-75 Minuten ab Ausgangspunkt). Eine geologisch-bodenkundliche

NAHE

Übersichtskarte informiert über den Gesteinsaufbau des Nahetales, der Steingarten davor zeigt zehn unterschiedliche Gesteine. Gleich nebenan stehen eine alte Kelter sowie eine Traubenmühle.

Von nun an führt der Wanderweg bergab – und zwar oberhalb der Weinbergslagen, die man auf dem ersten Teilstück kennenlernte. Schon bald weist die Tafel „Wasserkraftwerk" den Blick auf den **Stausee Niederhausen**. Er entstand, nachdem 1926 bis 1928 eine große Wehranlage zur Stromerzeugung errichtet wurde. Sie ist an der Dammkrone etwa sieben Meter hoch und 143 Meter breit. Der dahinter aufgestaute See erstreckt sich über 3,2 Kilometer bis kurz vor die Brücke von Oberhausen. Das Becken fasst 800.000 Kubikmeter Wasser, worüber sich vor allem Wassersportler freuen.

Im weiteren Abstieg erfährt man noch einiges über die Reblaus, die Sorten Bacchus und Optima sowie die Ansprüche der Reben an Lage und Boden. Nun ist es nur noch ein kurzes Stück bis zur alten Schule, dem Ausgangspunkt der erlebnisreichen Tour (30-45 Minuten ab Grillplatz).

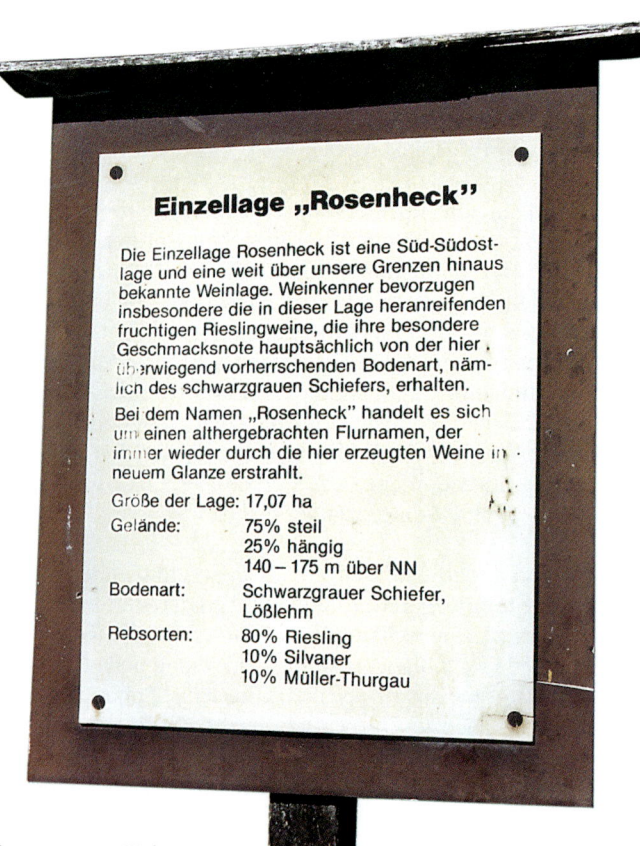

26 | Weinwanderung Rotenfels

Besonders faszinierend präsentiert sich die Landschaft entlang der Nahe zwischen Bad Sobernheim und Bad Münster am Stein-Ebernburg. Dieser Abschnitt bietet ein Wechselspiel aus Wasser, Wiesen und Wald sowie den Weinbergen, welche die Winzer den steilen Flanken abgerungen haben. So feingliedrig wie die Parzellen sind auch die Weine, die hier wachsen.

Nicht minder eindrucksvoll sind die herrlichen Aussichtspunkte: der Lemberg bei Oberhausen (mit 420 Metern die höchste Erhebung an der Nahe), der Rheingrafenstein bei Bad Münster am Stein-Ebernburg sowie der imposante Rotenfels. Insbesondere die gewaltige Wand dieser höchsten Steilflanke Deutschlands außerhalb der Alpen zieht Besucher in ihren Bann. Man kann sich der Bastei an der Kante des Felsen per Auto (B 41 bis Rüdesheim bei Bad Kreuznach, dann nach Traisen, von dort beschildert) nähern.

Wesentlich eindrucksvoller ist eine wunderschöne Wanderung durch Weinberge und Wälder, die direkt auf der Bastei anlangt. Von hier geht es auf einem herrlichen Felsenpfad in Serpentinen genussreich hinab in den Kurpark von Bad Münster am Stein. Dort kann man mit der originellen Seilfähre übersetzen ins Huttental und den Rheingrafenstein besteigen (15 Minuten Aufstieg).

Startpunkt: Bahnhaltestelle Niederhausen / Norheim
Markierung: Niederhausen - Norheim E 8 und W 13,
Norheim - Bad Münster am Stein W 10
Länge: 13,5 / 9 Kilometer (+ Rückweg im Nahetal 8 / 4 Kilometer)
Gesamtdauer: 3 / 2 Stunden (+ 2 / 1 Stunde), meist unbefestigt

---

Verkehrsverein Rheingrafenstein, Berliner Straße 60
55583 Bad Münster am Stein-Ebernburg
Telefon: 0 67 08 / 64 178 - 0, **Fax:** 0 67 08 / 64 178 - 99
verkehrsverein@bad-muenster-am-stein
www.bad-muenster-am-stein.de

→ Bad Münster am Stein lädt am letzten Wochenende im Juli zu
„Wein im Park" ein. Am 3. Wochenende im September findet
in Ebernburg der große Mittelalterliche Markt statt.

NAHE

Der Berg ruft zu einem tollen Blick ins Tal

Wer gut zu Fuß ist, sollte die Tour an der Staumauer in **Nieder-hausen** starten. Sie ist an der Dammkrone sieben Meter hoch und 143 Meter breit. Der dahinter aufgestaute See erstreckt sich bis zur berühmten sechsbogigen Luitpoldbrücke bei Oberhausen. Das Becken fasst ingesamt 800.000 Kubikmeter Wasser und ist bei Ruderern, Paddlern und Kanuten als Übungsrevier beliebt. Im Frühjahr 2004 soll der See abgelassen werden, um das Wehr zu reparieren. Dann schlängelt sich die Nahe in ihrem ursprünglichen Mäander-bett, so wie sie es bis vor 80 Jahren noch tat.

Wer sich die lange Tour zutraut, startet am Bahnhaltepunkt am Ortseingang von **Niederhausen** gegenüber dem Stauwehr. Auf der Dammkrone schlendert man zunächst knapp 300 Meter bis zum kleinen Dorfplatz, von dem aus man die Bahnlinie quert und auf der „Winzerstraße" aufwärts in Richtung der „Hüffelsheimer Straße" läuft. Ihr folgt man nach einer Rechtskurve aus dem Ort hinaus mehr als einen Kilometer weit im **Rosenberg** aufwärts. Der Wanderweg 13 deckt sich hier mit dem Europäischen Wanderweg E 8.

Knapp 200 Meter nach der Linkskurve der Straße trifft der W 13 auf mehrere Wanderwege, welche die Straße queren. Hier geht es kurz nach rechts zur nahen Weinbergstrockenmauer und dort unterhalb des **Winkelknopfs** sofort wieder rechts höhengleich in den Hüffelsheimer **Steyer** und in die **Gutenhölle** hinein. Der Feldweg gibt einen herrlichem Blick ins Nahetal und auf den gegenüberliegenden Lemberg frei und zieht in einem langgezogenen Linksbogen in einen

Die imposante Wand des Rotenfels

Altes Gemeindebackhaus

Geländegraben hinein und führt unterhalb einer markanten Weinbergs-Kapelle in den Vorderhang des **Schmalbergs** zurück. Der kurzweilige Weg verläuft mitten durch ein flächenhaftes Naturdenkmal, das seltenen Tieren und Pflanzen eine Heimat bietet. Durch Hecken und Gebüsch erhascht man immer wieder schöne Blicke hinab ins Nahetal. Im stetig leichten Abstieg gelangt man so im **Klosterberg** in die Weinbergsgemarkung zurück. Weil die Bewirtschaftung hier sehr arbeitsintensiv ist, fallen immer mehr Weinberge brach.

Kurz bevor man nach **Norheim** gelangt, taucht geradeaus die imposante Wand des Rotenfels auf, an dessen Kante man schon die Bastei erahnen kann. Ein Stück rechts davon ist oberhalb von Bad Münster die Ebernburg zu erkennen, die dem Ortsteil am rechten Naheufer den Namen lieh. Nun sind es nur noch wenige Meter bis zur Straße von Norheim nach Traisen. Man quert sie, um jenseits auf dem „Hellenweg" direkt ins Dorf hinab zu wandern. Norheim gilt als das älteste Weindorf an der Nahe. Aus dem Jahr 766, zwei Jahre vor dem Regierungsantritt Karls des Großen, ist eine Urkunde überliefert (bis Norheim 75 Minuten ab Niederhausen).

Man läuft unter der Bahnlinie hindurch und wendet sich dann gleich nach links zur evangelischen Kirche. Dort trifft die Route auf die „Rotenfelsstraße", der man bis zur Tankstelle am Ortsausgang folgt. Dort beginnt das **Mühlental**, ein Naturschutzgebiet besonde-

Seilfähre zum Rheingrafenstein

rer Prägung. Der Weg (markiert mit W 10) führt aufwärts zwischen zwei Tunneln über die Gleise hinweg in das enge Seitental. Die meisten der Weinbergsparzellen sind aufgelassen, die Trockenmauern verfallen, die Natur „erobert" sich die Landschaft zurück.

Unterhalb der ersten Häuser des Neubaugebietes von **Traisen** biegt der Talweg nach halbrechts ab und hält eine Weile auf einen markanten Sendemast zu. Beim Spielplatz am Ende des Kleingartengeländes zeigt eine Wandertafel die Wege der Region im Überblick. Der W 10 leitet direkt ins Dorf hinein und biegt dort nach rechts auf die „Schulstraße" ein. An deren Ende führt die Route „Im Schönblick" geradeaus steil hinauf in die Weinbergsgemarkung. Dort knickt der Weg scharf nach rechts ab und nähert sich in einem Bogen in steilem Aufstieg dem Wald und darin der Straße, die von Traisen hinauf zum Plateau des **Rotenfels** führt. Auf dieser geht es knapp fünf Minuten fast eben hinüber zum gemütlichen Gasthaus „Zur Bastei" (60 Minuten ab Norheim).

Vom Gasthaus führt ein Pfad im lichten Wald eben hinüber zu einer kleinen Aussichtshütte, an der sich unvermittelt der spektakuläre Blick hinab ins Nahetal öffnet. Von hier nach rechts zur luftigen Aussichtskanzel auf der **Bastei** (10 Minuten ab Gasthaus).

Um nach Bad Münster am Stein zu gelangen, wandert man entlang der mit Absperrungen gesicherten Geländekante zunächst zum Häuschen der Bergwacht neben dem Ausbildungszentrum des Deutschen Alpenvereins und weiter mit dem W 10 zu einem kleinen Holz-Pavillon (Ruhebänke) neben einem schönen Aussichtsfelsen. Hier beginnt ein felsiger Serpentinenpfad, der sich durch den fast mediterran anmutenden Kiefernwald hinabschlängelt. Unterwegs laden mehrere Ruhebänke zur Rast mit herrlichem Blick auf das Nahetal und den Rheingrafenstein. Wo der Serpentinenpfad wieder auf Weinberge trifft (Rasthütte mit Ruhebank), biegt die Route scharf nach links ab und leitet nun direkt nach **Bad Münster am Stein** hinunter (60 Minuten ab Aussichtskanzel auf der Bastei).

Für den Rückweg hat man nun mehrere Möglichkeiten: Zu Fuß am Fluss entlang parallel zum Nahetal-Radweg zum Ausgangspunkt in Norheim (60 Minuten) oder Niederhausen (2 Stunden) oder man nutzt Bus/Bahn.

27 | Weinlehrpfad Windesheim

Wer das Guldental aufwärts fährt, gelangt zwei Kilometer hinter dem gleichnamigen Ort nach Windesheim. Hier haben schon die Römer gesiedelt, wie Reste eines „uhralt wunderbarlich Gebäud" verraten, die 1617 entdeckt und als Teil einer ehemaligen römischen Villa mit Bad beschrieben wurden. Die erste urkundliche Erwähnung stammt aus der Zeit um die erste Jahrtausendwende, als der Erzbischof von Köln der Abtei Deutz den „Hof Windense" stiftete. Windesheim ist heute neben Bretzenheim, Dorsheim, Guldental, Langenlonsheim, Laubenheim und Rümmelsheim eine der sieben Ortschaften der Verbandsgemeinde Langenlonsheim.

Unter Kirchenmusik-Kennern hat das Naheland einen besonders guten Klang. Eine Reihe von schiefergedeckten Dorfkirchen verbergen hinter ihrer schlichten Fassade wahre Kleinode. Dazu zählen die Orgeln der in Fachkreisen hoch geschätzten Orgelbauerfamilie Stumm aus Sulzbach bei Rhaunen (nördlich von Kirn).

Windesheim ist Firmensitz einer der bekanntesten Orgelbauwerkstätten der Welt. Die Familie Oberlinger bläst hier seit 1860 Luft durch die Pfeifen, die anschließend in alle Welt versandt werden. In der Nachbarschaft der Manufaktur ist das Orgel-ART-Museum eingerichtet. Mit enthalten sind Leihgaben der Orgelbauerfamilie Heuss. Neben dem Museum ist auch die Orgelbauwerkstatt zu besichtigen (geöffnet 11 bis 18 Uhr, montags geschlossen, Führungen nach Anmeldung, Telefon: 0 67 07 / 9 11 44).

Startpunkt: Orgelmuseum Ortsausgang Richtung Waldlaubersheim
Markierung: W 4
Länge: 4 Kilometer, Rundweg, etwa 2/3 der Strecke befestigt
Gesamtdauer: 90 Minuten

Verbandsgemeindeverwaltung
Naheweinstraße 80, 55450 Langenlonsheim
Telefon: 0 67 04 / 9 29-0, Fax: 0 67 04 / 9 29-45
rathaus@vglangenlonsheim.rlp.de
www.vglangenlonsheim.de

➜ Weinfest am 3. Wochenende im Juli

NAHE

Schieferböden am Saukopf

Die Winzer haben in Sichtweite des Museums einen Weinlehrpfad in der Gemarkung beschildert, dessen Rebsortenschilder größtenteils identisch mit den Schildern des Guldentaler Weinlehrweges sind (siehe dort). Darüberhinaus gibt es Infotafeln, die sich mit der Geographie und der Geologie der Region befassen.

Der Rundweg startet an dem rebenumrankten Durchlass, der vom Museum am nördlichen Ortsrand von **Windesheim** aus sichtbar ist. Hier nennt ein Schild wichtige Daten zu Windesheim: 170 Hektar Weinberge in den Lagen Fels, Römerberg, Rosenberg, Saukopf und Sonnenmorgen. Was das Weinweg-Schild verschweigt: In Windesheim wird auch Bier gebraut.

Unweit entfernt stellt das nächste Schild das Weinland Nahe vor. Wenige Meter nach dem Weintor knickt die Route an der Feldscheuer mit dem Fasswagen nach halbrechts ab. 100 Meter oberhalb steht eine Ruhebank unter einem Weinbergspfirsich. Hierher gelangt man zum Ende der Tour wieder zurück (Schild Kies- und Sandablagerungen). Kurz darauf schlägt das Asphaltsträßchen eine Linkskehre, in der eine Tafel den Grauen Burgunder beschreibt. Ein Stück weiter folgen Müller-Thurgau und Blauer Spätburgunder. Kurz darauf gelangt man zu einer weiteren Ruhebank unter einem Weinbergspfirsich, wo die Route scharf nach rechts abknickt. Es folgt eine Tafel, die Schädlinge und Krankheiten auflistet: Reblaus, Trauben-

Feldscheuer und Fasswagen

wickler, Springwurm und Spinnmilbe sowie Peronospora, Oidium, Schwarzfleckenkrankheit und Roter Brenner.

Keine 100 Meter später endet der Asphalt, ab hier ist der Weg geschottert. An der großen Kelter in der Gemarkung (Ruhebank) gibt es Informationen zum Rotliegenden, den typischen roten Sandsteinschichten. An der folgenden Kehre nach links stehen die Schilder „Scheurebe" und „Rebsorten an der Nahe". Kurz darauf gelangt man zur **Wilhelm-Stern-Hütte**. Stern hat sich um Windesheim und seinen Wein verdient gemacht (Ruhebank, 30 Minuten ab Start).

An der Hütte ist der höchste Punkt des Weinlehrpfades erreicht. Ein Schild präsentiert den Blauen Portugieser. Nun geht es höhengleich geradeaus weiter am Silvaner vorbei zu zwei Tafeln, welche die Umkehrerziehung und die Normalerziehung gegenüberstellen. Danach auf dem Feldweg in einem geschwungenen S-Bogen weiter leicht bergab zu einer „Hollmann-Kelter" (Ruhebank). Dort informiert ein Schild über Klima und Bodenarten. Über die Wegeschere hinweg geht es weiter hinab. 200 Meter später trifft die Route auf einen Querweg. Hier biegt man scharf nach links ab und läuft hinunter zum Ende des Asphaltsträßchens (Ruhebank). Hier preist ein Schild die Vorzüge des Rieslings. Gleich daneben stellt ein Schild den Arbeitsaufwand in Abhängigkeit von Erziehungsart und Hangnei-

Wilhelm-Stern-Hütte

Hollmann-Kelter

gung gegenüber. Während die Normalerziehung 500 Arbeitsstunden (Flachlagen) bzw. 700 Arbeitsstunden (Steillagen) pro Hektar erfordert, sind es bei der Umkehrerziehung mit 350 / 500 Stunden deutlich weniger.

Nun geht es auf dem Asphaltweg höhengleich, später leicht abfallend im Hang des **Saukopfes** zurück in Richtung Windesheim. Das nächste Schild stellt die Schieferböden vor: In Hanglagen sind Schieferböden stark erosionsgefährdet, können aber trotzdem tiefgründig und fruchtbar sein. Die folgende Tafel ist dem Weißen Burgunder gewidmet. Nach der nächsten Ruhebank beschreibt das letzte Schild des Rundweges den Dornfelder, „Shooting-Star" unter den roten Rebsorten.

An der Ruhebank unter dem Weinbergspfirsich, den man vom Hinweg schon kennt, schließt sich der Kreis. Nun geht es in wenigen Minuten zum Ausgangspunkt am **Orgel-ART-Museum** zurück (60 Minuten ab Wilhelm Stern-Hütte).

Mittelrhein
Romantische Rheinreise

Ritter, Reben und Ruinen - das ist der Stoff, aus dem die wahren Träume sind. Und wenn sich dann noch die Romantiker dazu gesellen, ist man am Mittelrhein angekommen. Keine andere deutsche Flusslandschaft ist so oft beschrieben, gemalt und besungen, keine aber auch so häufig belächelt worden wie der Abschnitt, in dem sich der Rhein durch das Schiefergebirge gefräst hat und eine wilde Ur-Landschaft formte. Der Strom ist seit vorgeschichtlicher Zeit einer der wichtigsten Verkehrswege Europas, auf dem nicht nur Waren, sondern auch Ideen transportiert wurden. Seine wirtschaftliche Bedeutung spiegeln die 21 erhaltenen Burgen und Ruinen wider, die heute den Ruhm des Mittelrheins als Hort der Romantik begründen.

Der Grand Canyon der deutschen Romantiker gilt seit den Zeiten, als Reisende aus England und Frankreich das Tal für sich entdeckten, als Inbegriff einer Traumlandschaft. Wer die Bilder von William Turner betrachtet, die Texte von Lord Byron liest und die Poesie von Victor Hugo, der fühlt sich versetzt in eine Gegend, wie sie malerischer kaum sein kann. Zugegeben, die Gegend wurde vielfach verklärt, seit Clemens von Brentano der schönen Lore Ley Leben einhauchte und sie auf den Felsen setzte, von dem aus die Blonde noch heute Vorbeifahrende betören soll – wenn diese denn bereit sind, ihrer mystischen Faszination zu erliegen. In diesem Zusammenhang muss auch Heinrich Heine genannt werden, der 1823 das berühmte Loreley-Lied textete („Ich weiß nicht, was soll es bedeuten..."), und Friedrich Silcher, der es 1838 mit den Noten versah, zu denen es noch heute bei jeder Schiffstour aus den Lautsprechern schallt, wenn der hoch aufragende Schieferfelsen an der Engstelle des Flusses passiert wird.

Wer das Mittelrheintal indes auf die Loreley reduziert, beraubt sich vielfältiger und unvergesslicher Eindrücke. Bacharach, Boppard, Oberwesel, Kaub– allesamt Kleinode mittelalterlicher Baukunst, geprägt durch ungezählte Fachwerkgebäude aus der Zeit der Adelsgeschlechter. Stadtmauern, an denen entlang man die heutigen Häuser errichtet hat, Torbögen, durch die einst Eselskarren rumpelten, und Kirchen, die nicht nur von der Gottesverehrung, sondern auch von der wirtschaftlichen Blüte künden. Es war über viele Jahrhunderte vor allem der Weinbau, der aus dem tief eingeschnittenen Terrassental eine Kulturlandschaft formte.

Der allzu gefühlsbetonte Blick in die Vergangenheit sollte den Blick für die Probleme der Gegenwart nicht verschleiern. Die spiegeln sich vor allem im Weinbau wider. Jahr für Jahr fallen Flächen brach, weil sich die Bewirtschaftung der extrem steilen Lagen nicht mehr rentiert. Waren 1950 am Mittelrhein noch 1129 Hektar bestockt, so sind es heute nur noch 486 – Tendenz weiter fallend.

Und auch der Handel hadert: Der Rhein ist zwar der verkehrsreichste Strom Europas, doch für die kleinen Häfen zwischen Bingen und Koblenz fällt kaum etwas dabei ab. Große Hoffnung setzt die Region daher in die Unesco-Auszeichnung „Weltkulturerbe", von der man sich einen neuerlichen Anschub der Touristenströme erhofft.

Die Mittelrheiner belassen es dabei nicht beim Wein, der mittelalterlichen Architektur ihrer Städte und Dörfer sowie den ebenso abwechslungsreich wie liebevoll eingerichteten Museen. Rund um das Thema Wein knüpfen sie ein breites Band vielfältiger kultureller Initiativen. Die Mittelrhein-Musik-Momente zum Beispiel, eine Konzertreihe in historischen Gemäuern und gemütlichen Gewölbekellern. Oder die Theater-Aufführungen auf der Burg Rheinfels, der gewaltigen Feste oberhalb von St. Goar. Und das Festival der Gaukler in Koblenz, ein Stelldichein der Komödianten und professionellen Spaßmacher. Nicht zu vergessen die legendären Freiluftkonzerte auf dem Plateau der Loreley. Hier haben schon viele Größen des internationalen Musikgeschäftes gerockt, was die Verstärker hergaben.

Feste um und mit dem Wein haben sowieso das ganze Jahr über Saison. Der Höhepunkt: das Weinforum Mittelrhein am ersten Septemberwochenende auf Burg Rheinfels. Dort beherrschen nicht Ritter und Regenten, sondern Weine und Winzer das Geschehen im größten frei tragenden Gewölbe nördlich der Alpen. Vom Qualitätswein bis zur Beerenauslese hat der Gast die Freude der Wahl, rassige Winzersekte und ausgezeichnete Destillate runden das Angebot ab. Wer jetzt noch die Antwort auf die häufig gestellte Frage sucht, hier kann er sie finden: darum ist es am Rhein so schön!

Das Anbaugebiet

Geographische Lage: Das Anbaugebiet erstreckt sich als schmaler Streifen über 120 Kilometer (davon 20 in Nordrhein-Westfalen) auf beiden Seiten des Stromes. Linksrheinisch reicht es von der Nahe bis nach Koblenz, rechtsrheinisch von Kaub bis Königswinter (Siebengebirge); außerdem sind die Weinbergsflächen an der Lahn eingeschlossen.

Klima: Die oft steil terrassierten Weinberge sind gegen kühle Winde geschützt und häufig nach Süden oder Südwesten ausgerichtet. Die Sonne trifft sie im günstigen Winkel, die Schieferböden speichern die Wärme tagsüber und geben sie nachts wieder ab. Im Jahresumlauf werden 1600 Sonnenscheinstunden sowie 650 mm Niederschlag gezählt.

Bestockte Rebfläche: 450 Hektar (0,5 Prozent der deutschen Weinbaufläche, Tendenz fallend), davon 10 Prozent flache Lagen, 85 Prozent Hanglagen, 5 Prozent Steillagen.

Lagen: 2 Bereiche, 11 Großlagen, 111 Einzellagen.

Rebsorten weiß: Riesling (71 %), Müller-Thurgau (6 %), Sonstige (11 %), Gesamt: 88 %.

Rebsorten rot: Blauer Spätburgunder (8 %), Dornfelder (3 %), Sonstige (1 %), Gesamt: 12 %.

Betriebsstruktur: 355 gemeldete Betriebe, 80 Vollerwerbler, 6 % der Ernte gehen an sechs Genossenschaften und Erzeugergemeinschaften.

Erntemenge: im Zehn-Jahres-Durchschnitt 80 hl/ha

Mittelrhein-Wein e.V.
Am Hafen 2
56329 St. Goar
Telefon: 0 67 41 / 77 12
Fax: 0 67 41 / 77 23
info@mittelrhein-wein.com
www.mittelrhein-wein.com

MITTELRHEIN

Die Freizeit-Region

Touristische Routen: Loreley-Burgen-Straße (Verbund von Straßen im Rheintal zwischen Kaub und Kamp-Bornhofen sowie auf den Rheinhöhen, Markierung: geschwungener Schriftzug), Radwege zu beiden Seiten des Rheins und der Lahn, Rhein-Wein-Wanderpfad (52 Kilometer von Kaub bis Bornhofen, Markierung „RP"), Rechtsrheinischer Rheinhöhenweg (260 Kilometer von Wiesbaden bis Bonn-Beuel, Markierung „R"), Lahnhöhenweg (150 Kilometer von Wetzlar bis Lahnstein, Markierung „L"), Bergbau- und Landschaftspfad (St. Goarshausen-Wellmich).

Sehenswert: Im Jahr 2002 wurde der 65 Kilometer lange Flussabschnitt zwischen Bingen und Koblenz, das Obere Mittelrheintal, zur Unesco-Weltkulturstätte erhoben. Es ist damit nach den Tälern der Wachau und der Loire das dritte europäische Tal im Rang eines Welterbes. Es gibt keinen Ort entlang der gesamten Strecke, der nicht besonders sehenswert wäre. Dies gilt auch für die Burgen und Schlösser, die den Reiz des Tales ausmachen. Dazu zählen die beiden einzigen unzerstört gebliebenen Festungen: Die Pfalzgrafenstein im Rhein bei Kaub und die Marksburg, die am besten erhaltene mittelalterliche Burg entlang des gesamten Rheines.

Museen: Kaub (Blücher-Museum,), St. Goarshausen (Weinmuseum) sowie Ausstellungen in den linksrheinischen Burgen Rheinstein und Reichenstein (Trechtingshausen), Sooneck (Niederheimbach), Stahleck (Bacharach), Schönburg (Oberwesel) und Rheinfels (St. Goar) sowie rechtsrheinisch Pfalzgrafenstein (Kaub), Katz und Maus (St. Goar).

Aussichtspunkte: ungezählte Stellen mit herrlichem Blick.

Top-Tipp: Der Loreleyfelsen und ein Rundgang im Besucherzentrum auf dem Loreley-Plateau.

Rhein-Nahe Touristik
Oberstraße 45, 55422 Bacharach
Telefon: 0 67 43 / 91 93 03
Fax: 0 67 43 / 91 93 04
info@rhein-nahe-touristik.de
www.rhein-nahe-touristik.de

Folgt man der Bundesstraße 9 von Bingen aus im Weltkulturerbe Mittelrheintal flussabwärts, erreicht man schon bald Niederheimbach. Der 1000-Seelen-Ort im Walderholungsgebiet Rhein-Nahe wird überragt von der zwischen 1290 und 1305 erbauten Heimburg, die sich heute in Privatbesitz befindet. Urkundliche Belege für den Ort reichen zurück bis ins Jahr 983. An einigen Häuserfassaden im Heimbachtal sind noch Reste der einstigen Befestigungsmauer auszumachen. Zu Niederheimbach gehört auch die Burg Sooneck, knapp zwei Kilometer stromaufwärts im Hang gelegen. Sie ist während des ganzen Jahres (außer montags) zu besichtigen und birgt eine reichhaltige Sammlung an Mobiliar, Gemälden, Stichen, Waffen und Rüstungen.

Niederheimbach ist ein bekannter Weinort am Mittelrhein, Weinbau ist ab dem 13. Jahrhundert belegt. Die Weinbergsgemarkung ist heute in vier Lagen gegliedert: Schloß Hohneck, Reifersley und Soonecker Schloßberg sind dem Rheintal zugeneigt, der Frohe Weingarten steigt am Hang des Heimbachtals empor. Die bestockte Rebfläche ist während der vergangenen Jahre ständig zurückgegangen, im Jahr 2003 standen noch 65 Hektar (Nieder- und Oberheimbach zusammen) im Ertrag.

In Prospekten des Ortes wird noch immer mit dem „Weinlehrpfad" geworben, dessen Schilder allerdings seit 2002 nicht mehr stehen. Die ehemalige Route des Lehrpfades ist indes auch ohne Schilder so schön, dass sich ein Spaziergang auf ihr lohnt. Unterwegs wird an mehreren Stellen deutlich, wie schnell brach gefallene Flächen verbuschen und das Bild der Landschaft dauerhaft verändern.

Startpunkt: Bahnhof
Markierung: keine
Länge: 5 Kilometer; bis Karfreitagskreuz befestigt, Rest unbefestigt
Dauer: 90 Minuten

Rhein-Nahe-Touristik, Oberstraße 45, 55422 Bacharach
Telefon: 0 67 43 / 91 93 03, Fax: 0 67 43 / 91 93 04
info@rhein-nahe-touristik.de
www.rhein-nahe-touristik.de

MITTELRHEIN

Vom Frohen Weingarten zum Tempelchen

Man startet die Wanderung am Bahnhof Niederheimbach, 1908 im Jugendstil errichtet und seit 1996 vom Verkehrsverein genutzt. Auffällig sind die künstlerisch ausgestalteten Fenster des Gebäudes. Zunächst geht es wenige Meter entlang der „Rheinstraße" zur alten Doppelkelter und dann über die Straße hinweg in das **Heimbachtal**. Eine große geschnitzte Tafel stellt den Weinort und seine Winzer vor und gibt einen groben Überblick über den Weinwanderweg.

Auf der Straße „Im Heimbachtal" geht es am kleinen Kapellchen neben dem **Champtoceauxplatz** (seit 1981 Partnerschaftsgemeinde des Ortes) vorbei bis zum Gebäude der Sparkasse. Knapp dahinter zweigt das „Heimbachtal" nach rechts ab. Nun etwa 200 Meter leicht aufwärts bis zum Wirtschaftsweg, der nach links rückwärts in Richtung Oberheimbach ausschert. So erreicht man den Friedhof und seine Kapelle (Ruhebank, 20 Minuten ab Bahnhof). Dort beginnt der Karfreitags-Kreuzweg, auf dem man gegen Ende des Spaziergangs in umgekehrter Richtung hierher zurück gelangt.

An dem Fass, das an der Wegeschere oberhalb des Friedhofs aufgestellt ist, trifft man auf die stilisierte Traube des Mittelrhein-Weinwanderweges. Sie leitet nach halblinks kurz hinab und beim nächsten Abzweig wieder nach halbrechts aufwärts. Der asphaltierte Wirt-

Niederheimbach und die Heimburg am Hang

schaftsweg läuft an der Gartengrenze entlang und mündet schließlich in die Weinbergsgemarkung **Froher Weingarten**. Deren Name
hat nichts mit Frohsinn zu tun, sondern die hier gelegenen Parzellen
waren einst entweder mit Frondienst belastet oder gehörten zu einem
Fronhof (Herrenhof). Im steten Aufstieg nähert man sich der Ober-
heimbacher Gemarkung **Sonne**, einst „ausgesondertes" Land. In ihr
erreicht man eine Sitzgruppe mit einer Tafel, die daran erinnert, das
im Heimbachtal von 1924 bis 1927 das erste deutsche Rebenauf-
baugebiet eingerichtet wurde (20 Minuten ab Friedhof).

Hier biegt man scharf nach rechts rückwärts ab und schlendert
nun mit leichter Steigung auf einem asphaltierten Wirtschaftsweg
im **Frohen Weingarten** empor. Am
gegenüberliegenden Hang des Heimba-
ches steht die Heimburg, häufig auch
Schloß Hohneck genannt. Die ehemalige
Kurmainzische Grenzfeste wurde wie
andere Burgen des Mittelrheins 1689 im
pfälzischen Erbfolgekrieg zerstört. Heute ist die im 19. Jahrhundert wieder auf-
gebaute Burg in Privatbesitz und kann
nicht besichtigt werden.

Das Weinbergssträßchen erreicht schon
bald den Höhenzug unterhalb des
Wurschberges, wo die Wingertsgemarkung ausläuft und Felder beginnen (Ruhe-

Friedhofskapelle

MITTELRHEIN

Vom Aussichtsplatz am Tempelchen blickt man auf Lorch.

bank). Hier endet der Asphalt, von nun geht es auf unbefestigten Wegen zum Friedhof zurück. Nächstes Ziel ist das große Karfreitags-Kreuz auf dem Geländesporn (20 Minuten ab Sitzgruppe mit Rebentafel). Von hier hat man einen herrlichen Blick auf das Rheintal, die Inseln Große und Kleine Werth im Rhein, das Wisperstädtchen Lorch und die Höhenzüge des Taunus.

Das Kreuz markiert das Ende des Niederheimbacher Karfreitags-Prozessionsweges, dem man nun in der Gemarkung in zwei Kehren nach unten folgt. Unterwegs stößt man dabei am ehemaligen **Tempelchen** wieder auf die stilisierte Traube des Mittelrhein-Wanderwegs. Mehrere Ruhebänke laden zur gemütlichen Rast mit herrlichem Blick ins Weltkulturerbe-Tal. So gelangt man zum Friedhof zurück (20 Minuten ab Karfreitags-Kreuz) und auf bekanntem Weg zum Ausgangspunkt zurück (weitere 10 Minuten).

29 | Weinlehrpfad Loreley

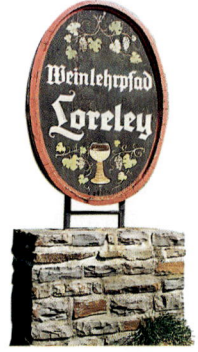

Es gibt Berge und Felsen, denen haftet ein mächtiger Mythos an. Der Watzmann in den Berchtesgadener Alpen gehört dazu, der Brocken im Harz und auch die Loreley. Dass der weltbekannte Aussichtspunkt weit mehr bietet als nur den wundervollen Blick vom 125 Meter hohen Felsen in das dramatisch schöne Mittelrheintal, weiß man spätestens seit den Tagen der Rheinromantiker. Die Schönheit ist seitdem ein Exportschlager, ihr güldenes Haar hat das Rheintal bis in die entferntesten Gegenden des Globus bekannt gemacht. Es heißt, der Loreley-Felsen sei in Japan nach dem Fujiyama der meist besungene Berg.

Die Strudel im Strom, die Floßführern und Kapitänen über Jahrhunderte hinweg Respekt einflößten, sind inzwischen größtenteils beseitigt worden. Allenfalls die großen Schiffsampeln in St. Goar und Oberwesel dokumentieren deutlich, dass die Engstelle an der Loreley (113 Meter schmal) noch immer Gefahren birgt.

Im Besucherzentrum werden die Legenden um die holde Blonde zu neuem Leben erweckt. Bei der Spurensuche lernt man Landschaften, Kultur und Menschen der Region kennen. Interaktive Installationen, Exponate zum Anfassen, Schautafeln – der Mittelrhein erschließt sich dem Besucher Schritt für Schritt auf spielerische und unterhaltsame Weise. Besonders eindrucksvoll ist der Aufenthalt im Innersten des Besucherzentrums, dem so genannten „Sphärenraum", wo man dem Gesang der Loreley lauschen kann.

Startpunkt: Parkplatz Loreley-Besucherzentrum / Parkplatz an B 42
Länge: Rundweg 2 Kilometer (Hafen 5 Kilometer), durchweg befestigt
Markierung: Keine
Gesamtdauer: etwa 60 / 120 Minuten.

Tourist-Info: Bahnhofstraße 8, 56346 St. Goarshausen
Telefon: 0 67 71 / 910 - 0, **Fax:** 0 67 71 / 910 -15
Besucherzentrum Telefon: 0 67 71 / 59 90 93, **Fax:** 0 67 71 / 59 90 94
info@loreley-besucherzentrum.de
www.loreley-touristik.de

→ „Rhein in Flammen" am 3. Samstag im September

MITTELRHEIN

Rendezvous mit der schönen Lore

Unweit des Besucherzentrums auf dem Loreleyfelsen haben die Bornicher Winzer 1981 den damals ersten Weinlehrpfad am Mittelrhein beschildert. Man kann es sich einfach machen und vom Rheintal mit dem Auto zum Parkplatz auf das Plateau fahren. Was man dabei versäumt, wissen all jene, die den Aufstieg zu Fuß bewältigen. Man parkt dazu das Auto am Hafen direkt unterhalb der Lorelei. Am gegenüberliegenden Kiosk beginnt der „Treppenweg Loreley", der mit 410 Stufen zum legendären fahnenbekrönten Aussichtspunkt hinaufführt (20 Minuten).

Hier oben, exakt 193,14 Meter über Normalnull und 125 Meter über dem Normalpegel des Rheins, ist der Mythos der Loreley förmlich zu spüren. Die Aussicht von der felsigen Kanzel gehört zum Pflichtprogramm vieler Deutschlandurlauber. Direkt vor dem Berghotel entdeckt man die in Stein gemeißelte viel gepriesene Loreley. Nun auf der Straße am Turner- und Jugendheim des Turngaus Süd-Nassau vorbei zur großen Freilichtbühne und dem **Loreley-Besucherzentrum** (10 Minuten ab Aussichtsfelsen).

Von dort aus sieht man schon den Fassboden, der den Abzweig zum Weinlehrpfad markiert. Um dorthin zu gelangen, spaziert man am Fassboden vorbei auf einem Asphaltsträßchen direkt ins Naturschutzgebiet auf dem Loreley-Plateau hinein. Nach knapp 400 Metern steht an einer Straßengabel ein hölzerner Torbogen mit einer Infotafel, die den Verlauf des Weinlehrpfades skizziert (10 Minuten ab Besucherzentrum).

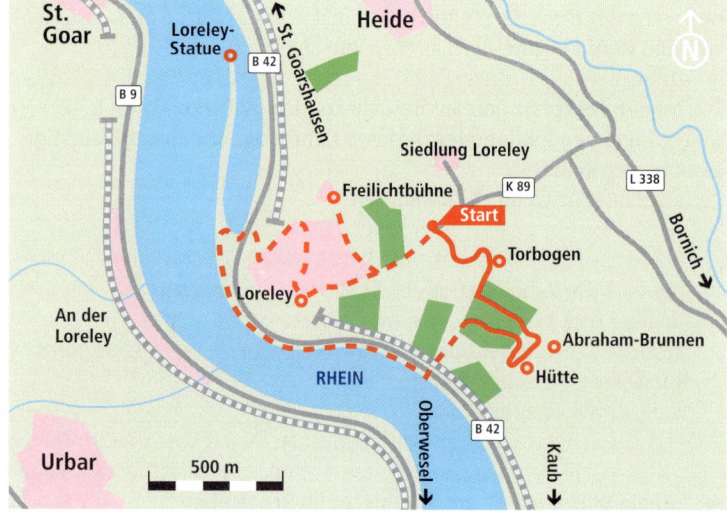

Blick auf das romantische Rheintal

Er ist im Hang an drei querlaufenden Wegen beschildert: Der oberste „Auf der Bohn", der mittlere „Im Habicht" und der untere „Im Loch". Durch das Tor hindurch spaziert man wenige Meter zur Linkskurve des Asphaltsträßchens, wo eine Ruhebank zum Rasten einlädt. Der Blick ins Rheintal fasziniert immer wieder von Neuem. Die Tafel neben der Sitzgruppe erzählt die Geschichte von Bornich.

Der Weg führt nun im steten Abstieg direkt auf eine geräumige Schutzhütte zu. Dabei passiert man unterwegs die Infotafeln „Weinbau am Mittelrhein", „Müller-Thurgau", „Kultur der Rebe", „Klima", „Riesling und Kerner". Unterwegs mag man sich vielleicht schon über die Eisenringe gewundert haben, die in der Stützmauer eingelassen sind. Sie werden für einen speziellen Seilzug benötigt, mit dem sich die Winzer an die Wand ketten, um nicht abzustürzen. Die beiden letzten Schilder des oberen Weges sind dem Spätburgunder und der Frage, was den Reben schaden kann, gewidmet.

Nun geht es wenige Meter hinunter zu einer Pergola (Ruhebänke) am Abzweig zur offenen Schutzhütte. Keine 20 Meter von dieser Stelle entfernt plätschert am **Abraham-Brunnen** eine Quelle aus dem Hang. Man wendet sich nun der 1982 errichteten Hütte zu, an deren Wand eine Tafel die Flurbereinigung erläutert, ohne die der Weinbau im Hang längst aufgegeben worden wäre.

Nun muss man die kleine Serpentine nach unten auslaufen und gelangt auf den mittleren Hangweg. Hier stehen bis zum nahen „Cafe Rothenack" (Unterstand) vier Schilder, die das Arbeitsjahr des Winzers im Feld beschreiben. Nach einer kurzen Rast am Unterstand

MITTELRHEIN

geht es im Wingert hinab auf den unteren Hangweg. Dort erklärt ein Schild, wie aus Trauben Wein wird. Nun folgt man dem Lehrpfad rückwärts zum nächsten Schild, das über Erträge informiert. Die große Tafel „Weinplatz" entrückt die Betrachter in längst vergangene Zeiten, als der Wein noch mühsam von den Dörfern auf dem Plateau der Loreley zum Fluss transportiert werden musste. Nun folgen noch die Tafeln „Traubenernte" und „Geologie".

Wer auf dem Loreley-Plateau geparkt hat, findet auf dem gleichen Weg zum Ausgangspunkt zurück. Wer den Aufstieg zu Füßen der Loreley begann, folgt dem kleinen unscheinbaren Wegweiser am „Weinschiff"-Schild „Zum Rhein". Ein schmaler Steig führt, zum Teil über Schieferstufen, im Hang steil hinunter zu den Bahngleisen und in einem Durchschlupf auf die Straße am Rhein und zum Start zurück (15 Minuten ab Verlassen Weinlehrpfad).

Wer will, kann auf der Hafenmole in fünf Minuten bis zu deren Ende schlendern. Dort thront seit August 1983 eine 850 Kilogramm schwere Loreley in Bronze auf einem 2,50 Meter hohen Bruchsteinsockel. Die 3,30 Meter hohe Statue war einst von der russischstämmigen schwedischen Künstlerin Natascha Alexandrova Prinzessin Jusopov gestiftet worden. Seitdem ist die Nackte mit dem langen Haar millionenfach fotografiert worden.

Loreley auf der Hafenmole

Mittelrhein
Weinwanderweg

Verlauf: Linksrheinisch von Trechtingshausen bis Spay
Länge: Mit Varianten über 100 Kilometer
Streckennetz: Weinbergs- und Waldwege, teilweise Straßen, besonders attraktiv von April bis Oktober
Markierung: Stilisierte Traube (lückenhaft)
Sehenswürdigkeiten: Das Tal des Mittelrheins gehört nicht erst seit der Anerkennung als Unesco-Weltkulturerbe zu den schönsten Landschaften Deutschlands. Der Wanderweg lebt vom Wechsel zwischen Weinbergen, Wald- und Feldgemarkung, immer wieder unterbrochen von phantastischen Aussichtsplätzen. Die mittelalterlichen Städtchen entlang der Strecke sind Kleinode von besonderer Art.

Der Mittelrhein-Weinwanderweg, in manchen Beschreibungen auch Rhein-Wein-Wanderpfad genannt, ist auf beiden Seiten des Rheins angelegt. Rechtsrheinisch führt er über 52 Kilometer von Kaub bis Bornhofen und ist als „RP"-Pfad beschildert. Linksrheinisch reicht er von Trechtingshausen bis Spay. Weil er auf den ersten Kilometern nicht durch Weinberge verläuft, werden ihm hier nur diejenigen Wanderer folgen, denen es auf Vollständigkeit ankommt. Alle übrigen starten in Niederheimbach. Die nachfolgende Beschreibung endet in St. Goar, weil sich dieser Wanderführer auf das Verbreitungsgebiet des Veranstaltungsmagazins pepper beschränkt (das an der Loreley längst überschritten ist).

Der Rhein-Wein-Wanderweg ist während des gesamten Jahres zu begehen. Weil die Hänge zum Strom meist nach Nordwesten geneigt sind, ist er auch im Sommer attraktiv. Zum Teil verläuft die Route über längere Strecken durch schattige Wälder oder auf Geländeplateaus, über die häufig ein erfrischendes Lüftchen weht.

Zurzeit wird daran gearbeitet, den Wanderweg als „Rhein-Burgen-Wanderweg" beidseits des Stromes zu beschildern. Paralell dazu entsteht der „Rheinsteig". Er soll rechtsrheinisch von Wiesbaden bis Bonn verlaufen und gemeinsam mit dem Rothaarsteig (Nordrhein-Westfalen) und dem Rennsteig (Thüringen) als dritter Top-Wanderweg Deutschlands international vermarktet werden. Die offizielle Eröffnung ist für das Frühjahr 2006 vorgesehen – in dem Jahr, in dem der Rheinhöhenweg seinen 100. Geburtstag feiert.

MITTELRHEIN

1. Etappe: Trechtingshausen - Bacharach

Die kleine Gemeinde Trechtingshausen wird überragt von der zwischen 1290 und 1305 erbauten Heimburg. Urkundliche Belege für den Ort reichen zurück bis ins Jahr 983. An einigen Häuserfassaden im Heimbachtal sind noch Reste der einstigen Befestigungsmauer auszumachen. Zu Niederheimbach gehört auch die Burg Sooneck, knapp zwei Kilometer stromaufwärts im Hang gelegen. Sie ist während des ganzen Jahres (außer montags) zu besichtigen und birgt eine reichhaltige Sammlung an antikem Mobiliar, Gemälden, Stichen, Waffen und Rüstungen.

Man startet am Bahnhof **Niederheimbach**. Zunächst folgt man der „Rheinstraße" wenige Meter nach links zur alten Doppelkelter und quert dann über die Straße hinweg in das „Heimbachtal". Am kleinen Kapellchen neben dem **Champtoceauxplatz** (seit 1981 Partnerschaftsgemeinde des Ortes) vorbei geht es bis zum Gebäude der Sparkasse. Knapp dahinter zweigt das „Heimbachtal" nach rechts ab. Nun etwa 100 Meter leicht aufwärts bis zum Wirtschaftsweg, der nach links rückwärts in Richtung „Oberheimbach" ausschert. So erreicht man den Friedhof (Ruhebank). Hier beginnt der „Karfreitags-Kreuzweg", dem man nach rechts auf dem Feldweg in der Gemarkung aufwärts folgt bis zum Aussichtsplatz am ehemaligen **Tempelchen** (mehrere Ruhebänke, 30 Minuten ab Bahnhof).

Von hier hat man einen schönen Blick auf den Rhein, die große Lorcher Werth im Strom sowie das Wisperstädtchen am gegenüber liegenden Rheinufer. Nun geht es im Vorderhang immer leicht abwärts bis zu den ersten Häusern von **Rheindiebach**, die man in einer Straßenkehre erreicht. Hier wenige Meter nach links aufwärts und auf dem asphaltierten Weg am Hang entlang. Schloss Fürstenberg gibt die grobe Richtung vor, wobei man darauf achten muss, nicht zum Rhein hinabzusteigen. Das Sträßchen schlägt im Angesicht des Schlosses oberhalb Rheindiebach im Hang einen Bogen nach links und senkt sich langsam ins **Gailsbach-Tal**, das sich vom Rheintal nach Oberdiebach zieht. In der Senke wendet die Route auf der Straße kurz nach rechts bis zum Friedhof von **Rheindiebach** (20 Minuten ab Aussichtspunkt Tempelchen).

Der Ort wird überragt von der ehemaligen kurpfälzischen Zollburg Fürstenberg. Die Burg, 1243 erstmals erwähnt, wurde mehrfach erobert und 1689 endgültig zerstört. Nur der mächtige, nach oben schlank zulaufende 25 Meter hohe Turm sowie Reste der ehemals gewaltigen Mantelmauer geben eine Eindruck von der Mächtigkeit der früheren Feste. Das Schloss ist heute in privatem Besitz.

Am Friedhof zieht ein asphaltierter Wirtschaftsweg steil nach links. Entlang der trocken aufgesetzten Schiefermauer gelangt man in die Weinbergsgemarkung zwischen Schloss Fürstenberg und Oberdiebach. Der Weg läuft über zwei Wegescheren hinweg immer weiter aufwärts. Mit jedem Schritt öffnet sich der Blick auf das kleine Winzerdorf ein bisschen weiter. Knapp hinter dem alten Wasserbehälter und einem gemauerten Wingertshaus stößt der Weg auf ein Sträßchen, das von Oberdiebach heraufkommt (Ruhebank). Hier biegt man scharf nach rechts ab und wandert mit deutlich weniger Steigung wieder in Richtung Rheintal. Oberhalb von Schloss Fürstenberg schlägt das Sträßchen eine Kehre nach links und stößt kurz nach der kleinen Fichtengruppe auf eine Straße von Oberdiebach her. Hier nun nach rechts einbiegen und am Sportplatz vorbei zum Ortseingang des Oberdiebacher Ortsteiles **Winzberg** (45 Minuten ab Rheindiebach, Ruhebank).

Bis zum Bacharacher Ortsteil **Medenscheid** nutzt der Weinwanderweg die Straße. Man läuft auf ihr durch den Ort hindurch. An der Kehre, wo es links nach Neurath geht und rechts in Rheintal, führt ein Feldweg geradeaus in die Gemarkung hinein. Leicht bergan erreicht man so den nächsten Aussichtspunkt mit herrlichem Blick auf die Lorchhäuser Kirche und die kleine Clemenskapelle. Nun nicht direkt nach **Neurath** wandern, sondern unterhalb des Dorfes in einem weiten Bogen am Rand der Feldgemarkung entlang. So stößt man schließlich auf Häuser des Ortes. Man bleibt nun auf der Asphaltstraße und wandert fast höhengleich hinüber zur Straße von Bacharach nach Neurath. Diese trifft man keine hundert Meter von der **Burg Stahleck** entfernt (45 Minuten ab Winzberg).

Bacharach und die Burg Stahleck

Die ehemalige Feste wird 1135 erstmals erwähnt. Den ältesten Burgteil findet man im Innenhof: den mächtigen fünfgeschossigen Wohnturm. Die Westseite der Burg war früher in die Stadtmauer eingebaut. Davor entdeckt man etwas ungewöhnliches für Höhenburgen – einen Hangweiher mit rechteckigem Grundriss. Wie viele andere prächtige Burgen am Rhein wurde auch die Stahleck im pfälzischen Erbfolgekrieg 1689 zerstört und blieb Ruine, bis der Rheinische Verein für Denkmalpflege sie 1925 und 1926 nach alten Plänen mustergültig wieder aufbaute und dem Deutschen Jugendherbergsverband zur Verfügung stellte. Seit der aufwändigen Sanierung Mitte der 60er Jahre des vorigen Jahrhunderts zählt sie zu den schönsten Jugendherbergen in Deutschland. Der Burghof mit seiner Aussichtsterrasse ins Rheintal ist frei zugänglich, die Gebäude sind nur nach Anmeldung zu besichtigen. Von der Burg führt ein schmaler Treppenweg in den Ortskern **Bacharach** (15 Minuten).

Das Alte Haus in Bacharach

2. Etappe: **Bacharach - Oberwesel**

Es gibt wenige Städte entlang des Mittelrheins, die so sehr gepriesen wurden (und werden) wie Bacharach. Die „heimliche Hauptstadt der Rheinromantik" mit den gut erhaltenen Resten der Stadtbefestigung und den Türmen, den Fachwerkhäusern im historischen Ortskern, den Resten der Ruine Wernerkapelle und den Zinnen der Burg Stahleck ist ein Kleinod des Mittelalters – trotz des verheerenden Brandes von 1872, bei dem die gesamte Oberstraße bis auf das Alte Haus niederbrannte. Früher gab es in Bacharach den bedeutendsten Weinmarkt am Rhein, und wer vom „Bacharacher" sprach, meinte generell Wein vom Rhein.

Um aus dem Ortskern von Bacharach wieder auf die Original-Route zu treffen, muss man zunächst auf der „Blücherstraße" durch den Bogen im Steeger Tor schlendern und am idyllischen **Malerwinkel** vorbei im Talgrund des Münzbaches in Richtung **Steeg** laufen. An der Kapelle kurz vor dem Abzweig nach Neurath zieht ein Betonweg nach rechts aufwärts direkt in den Hang hinein. Er verengt sich bereits nach 50 Metern zu einem schmalen Pfad, der in der **Mönchsrinne** steil aufsteigt. Nach 200 Metern stößt man auf einen asphaltierten Wirtschaftsweg, dem man für etwa 100 Meter nach links folgt. Er mündet auf eine Asphaltstraße ein, auf der es nach rechts weiter aufwärts geht. In der nächsten Rechtskurve der Straße (kurz zuvor zwei Lagergebäude) schert nach links ein Feldweg aus, der in der Mönchsrinne weiter ansteigt zu einem oberhalb verlaufenden asphaltierten Querweg. Hier mündet man wieder auf den Mittelrhein-Weinwanderweg ein.

Nun nach rechts etwas weniger steil in der Lage „St. Jost" aufwärts. Das Asphaltsträßchen führt an einem ehemaligen Schieferbruch (Ruhebank) vorbei im leichten Anstieg in die Weinbergsgemarkung **Wolfshöhle**. Schon bald öffnet sich der Blick auf Bacharach, am gegenüberliegenden Hang ragt Burg Stahleck aus dem Wald, geradeaus reicht der Blick über den Rhein auf die Wälder des Taunus.

An der folgenden Wegeschere (Schild „Wolfshöhle") schert der Weinwanderweg nach halbrechts aus, leitet im leichten Abstieg um eine Geländekante herum und verläuft danach im steten Auf und Ab zwischen Weinbergen und Getreidefeldern auf einem Hochplateau. So gelangt man, immer dem Asphaltsträßchen folgend, zum Taleinschnitt des **Leimbaches** (75 Minuten ab Bacharach).

Man quert die Straße und wandert parallel zu ihr ein Stück abwärts in den berühmten **Bacharacher Hahn** hinein. An der nächsten Wege-

Malerwinkel in Bacharach

gabel (links markante Schieferfelsen) geht es kurz nach links aufwärts. So erreicht man das Geländeplateau unterhalb von **Henschhausen** und dem Gehöft des Lindenhofs. Hier heißt es aufpassen, weil sich der Weinwanderweg fast in den Getreidefeldern verliert. Die Route bleibt immer dicht an der Geländekante. So gelangt man zum idyllischen Rastplatz **„Pfalzblick"** (30 Minuten ab Leimbach, in einigen Karten 400 Meter zu weit südlich eingetragen).

Durch den Heckenrain hindurch erhascht man einen Blick hinunter auf die Rheingrafenstein bei Kaub. Alle übrigen Burgen am Rhein stehen am Hang. Anders „die Pfalz", wie der Volksmund sie verkürzt nennt. Sie hat ständig nasse Füße – weil sie mitten im Strom thront. Die fünf Ecken der Burg stehen so, dass die Festung gleichzeitig Wellen- und Eisbrecher war. Die Pfalzgrafenstein ist neben der Marksburg bei Braubach die einzige Anlage, die über alle Jahrhunderte hinweg unzerstört blieb. Der preußische Feldmarschall Blücher ließ exakt an dieser Stelle eine Pontonbrücke bauen und marschierte in der Neujahrsnacht 1813/14 mit 60.000 Soldaten, 20.000 Pferden und 220 Geschützen über den Rhein, um Napoleon auf der gegenüberliegenden Seite zu verfolgen.

Nach ausgiebiger Rast geht es in voriger Richtung am Feldhain entlang weiter in einem weiten Linksbogen, bis man auf einen Asphaltweg trifft. Hier 100 Meter nach links direkt auf die Häuser von Henschhausen zuhalten und am nächsten asphaltierten Querweg nach rechts abbiegen. Nun ein Stück kurz am Waldrand entlang und dann geradeaus in die offene Feldflur hinein. Am gegenüber liegenden Ufer des Rheins thront hoch über Kaub die Burg Gutenfels.

Am folgenden Wegedreieck folgt man nicht dem Schild „Zum Rhein", sondern läuft halblinks zum nächsten Wegetreffpunkt, wo ein Schild nach rechts abwärts zum Aussichtspunkt **Sauzahn** weist. Der idyllische Platz mit offener Grillhütte und etwa 25 Sitzplätzen bietet einen herrlichen Blick auf Kaub und die Pfalzgrafenstein im Rhein (30 Minuten ab Aussichtspunkt Pfalzblick).

Nun wenige Meter auf dem Weg zurück zum Rand der Feldgemarkung und dort nach rechts auf einem Feldweg in voriger Richtung weiter. In stetem Auf und Ab erreicht man, zuletzt in einem langgezogenen Linksbogen in einem Waldstück, ein Asphaltsträßchen im Graben des **Elligbaches**. An der folgenden Wegeschere wählt man den Weg, der nach halblinks aufwärts in die Weinberge des „Langscheider Hundert" leitet und weiter oben schließlich auf die Straße trifft, die von Oberwesel nach Langscheid führt (Ruhebank).

Nun geht es entlang der Straße 100 Meter aufwärts. Am Ende der Leitplanke schert nach rechts ein Feldweg aus, der über Wiesen und an Gebüschsäumen entlang in ein kleines Waldstück hineinführt. In diesem leitet der Weg am Hang entlang, zum Schluss leicht ansteigend, zu einer Ruhebank (mit Fliegenpilzdach) im Wald. Hier folgt man dem Richtungswegweiser „Dellhofen" auf einem Pfad nach halbrechts in zwei Kehren hinab ins **Engebachtal** (Weg 38). Direkt im Talgrund mündet die Route auf ein Gemarkungssträßchen. An

Oberwesel und die Schönburg

der Weinbergsmauer entdeckt man endlich mal wieder das Zeichen des Weinwanderweges, die grüne Traube. Sie weist in die Weinberge hinein.

Im „Dellhofener St. Wernerberg" schlägt das Sträßchen einen Bogen nach links und mündet in der kleinen Senke unterhalb des Weinortes auf einen asphaltierten Gemarkungsweg ein, der aus dem Tal hinaufzieht. Hier biegt der Weinwanderweg (mit der Markierung M 38) nach rechts in Richtung Tal ab, führt am nächsten Asphaltweg, der nach links in den Hang ausschert (Infotafel zum Winzerort Dellhofen und der Flurbereinigung) geradeaus vorbei hinab und schert erst am folgenden Feldweg kurz oberhalb des Engebach-Grabens nach links in die Gemarkung aus (Markierung Traube auf Mauer). Nun geht es höhengleich im Hang zur Kehre einer Gemarkungsstraße und ab hier im „Dellhofener Römerkrug" leicht abwärts zu einem Aussichtspavillon mit Ruhebank in einer Kehre der Straße von Oberwesel nach Dellhofen. Nun auf der Straße knapp 100 Meter aufwärts, bis die Schilder nach rechts zum Jugendgästehaus und zur **Schönburg** weisen. Auf der Zufahrtsstraße gelangt man in wenigen Minuten hinüber zur prunkvollen Burg (Restaurant, 120 Minuten ab Grillplatz Sauzahn).

Die Schönburg ist eine der gewaltigsten Burganlagen am Rhein. Neben einem Romantikhotel, das in den Mauern eingerichtet wurde, gibt es auf dem Gelände auch eine Jugendbegegnungsstätte.

Direkt am Brückenübergang zur Burg weist das „R" des Rheinhöhenwegs nach rechts auf einen schmalen Pfad, der in mehreren Serpentinen im Wald hinabführt zur Straße von Oberwesel nach Dellhofen. Auf dem begleitenden Fußweg gelangt man schließlich zur weithin sichtbaren Wernerkapelle und entlang der „Mainzer Straße" nach links in den historischen Ortskern von **Oberwesel** hinein (15 Minuten ab Schönburg). Nun hat man sich die Pause in einer der Weinschänken und -lokale redlich verdient.

Oberwesel gehört zu den bekanntesten Städten am Mittelrhein. Die von Ferdinand Freiligrath als „der Romantik schönster Zufluchtsort am Rhein" gepriesene Stadt ist, insbesondere in ihren Nebenstraßen, noch immer vom Mittelalter geprägt. Das schon 1216 als Stadt bezeichnete Oberwesel wird durch die beiden gotischen Pfarr- und Stiftskirchen, die Schönburg und die 16 Türme (von ehemals 21) der noch fast vollständig erhaltenen Stadtmauer geprägt.

3. Etappe: Oberwesel - St. Goar

Neben seinem Ortskern, für den Oberwesel bekannt ist, verfügt die Stadt seit 1997 über eine ausgefallene Attraktion: den Skulpturenpark. Mitten im Unesco-Weltkulturerbe zeigt dieser Park an 20 Stationen, wie spannend der Dialog zwischen moderner Kunst und historischer Architektur sein kann. Der Skulpturenweg beginnt an der KD-Anlegestelle am Rhein und führt hinauf bis in die Feldgemarkung, wo auf einem Geländeplateau mehrere Kunstwerke dicht beieinander stehen. Die erste Skulptur entdeckt man am KD-Steiger am Rheinufer, andere entlang des Weinwanderweges.

Auf der Hauptstraße des historischen Ortskernes gelangt man zum „Schaarplatz" und über diesen hinweg in der „Rathausstraße" bis fast zum Ende von Bacharach. Dort, wo ein Schild den Abzweig zur B 9 ankündigt, markiert ein hölzerner Torbogen den Beginn des kurzen „romantischen Weinlehrpfades" Er führt auf einem alten Karrenweg, wo die Räder der Ochsenfuhrwerke tiefe Rillen in den Fels gefräst haben, ein Stück bergan und passiert dabei mehrere Bildtafeln mit den Weinheiligen des Rheins: Unsere Liebe Frau, St. Laurentis, St. Sebastian, St. Goar, St. Florinus, Der gute Knabe Werner und St. Urban. Wenig später endet der Pfad am **„Niederburger Turm"**, wo er auf die Straße nach Niederburg einmündet.

Man quert sie und steigt jenseits an der Wingertsmauer direkt in die Gemarkung auf. Der folgende schmale Pfade mündet 100 Meter oberhalb auf eine Straße ein, der man nach rechts aufwärts ins Neu-

MITTELRHEIN

Gedenk-
stein am
Aussichts-
pavillon
„Maria
Ruh"

baugebiet „Auf Fasel" folgt. Die Straße führt beständig aufwärts und gewährt immer wieder herrliche Blicke. So geht es hinauf zu einer markanten Steinskulptur und weiter zu einem Haus direkt am „Sieben Jungfrauen Blick". Das Haus ist eigens für die Produktion der ARD-Serie „Heimat III" gebaut worden.

Man passiert das Grundstück und mündet 100 Meter oberhalb auf eine Straße ein. Dieser folgt man etwa 300 Meter weit höhengleich nach rechts bis zum Abzweig nach Urbar. Von hier weitere 200 Meter an der Straße entlang leicht bergan, bis nach rechts der Feldweg mit der Ziffer 9 in Richtung St. Goar ausschert. Man befindet sich noch immer auf dem Skulpturenweg, an dem mehrere Künstler ihre Werke mitten im Feld ausstellen. Der Weg führt zunächst zum Abzweig „Oberweseler Oelsberg", dem man nach halbrechts an mehreren Skulpturen vorbei folgt. Am folgenden Wegweiser „Rheinfels - St. Goar 3 km" geht es kurz nach links aufwärts und über die Wiese an der markanten Stahlfrau von Heinrich Demel vorbei zum Heckenrand. Dort nach rechts weiter aufwärts zu zwei Stelen und einem Stahlgerüst. An der Mariensäule gleich daneben steht eine Ruhebank (75 Minuten ab Oberwesel).

Hier verlässt der Weinweg den Skulpturenpark und folgt dem Richtungsschild „St. Goar" in den „Urbarer Beulsberg" hinein. Über das folgende Wegekreuz (Ruhebank, Infotafel Urbar, Rasthütte etwa 50

Meter unterhalb) geht es mit der Markierung 5 geradeaus weiter im Wiesenhang entlang. Unterhalb der Häuser von **Urbar** läuft der Weg immer an der Geländekante entlang hinüber zu einem kleinen Bachgrund und jenseits zu einer Asphaltstraße (Ruhebank). Hier öffnet sich durch eine frei geschlagene Schneise im Wald zum ersten Mal ein Blick auf die Loreley – und was für einer! Gegenüber reckt sich der Felskoloss 125 Meter aus dem Fluss empor und endet auf dem Aussichtsplateau, von dem viele sagen, man kenne Deutschland nicht, wenn man nicht hier gestanden habe. Nun geht es auf der Asphaltstraße mit stets wechselnden Aussichten auf Fluss und Fels vorbei bis zum großen Freizeitplatz „**Maria Ruh**" (45 Minuten ab Ende Skulpturenweg).

Ein großer Gedenkstein des Lions Clubs erinnert an die Schöpfer des Loreley-Liedes: Clemens Brentano (1778-1842), Friedrich Silcher (1789-1860) und Heinrich Heine (1797-1856). Der Aussichtspavillon direkt gegenüber dem Felsen der Loreley gewährt einen Blick, wie man ihn im gesamten Mittelrheintal imposanter kaum findet. Wenige Meter oberhalb des Platzes kann man in einem kleinen Restaurant einkehren.

Direkt am Zaun des Aussichtsplatzes beginnt ein schmaler Pfad (Markierung S), der zunächst ein Stück am Hang entlang leitet und dann in zwei Serpentinen hinuntersteigt zu einer kleinen Brücke im schmalen Graben des **Galgenbachs**. Jenseits geht es noch wenige Meter weiter bergab zu einem Hinweisschild im Wald, wo die Traube nach links weist. Nun im Hang ansteigend, zum Teil über Treppenstufen, hinauf und hinüber in die Senke des **Seelenbaches**. Auch dieser wird gequert, um danach in zwei Serpentinen kurz hinaufzusteigen auf das Gemarkungsplateau unterhalb von Biebernheim. Hier nach rechts und in wenigen Minuten zur nächsten Aussichtshütte mit herrlichem Blick auf den Loreleyfelsen.

Von der Hütte zieht der Weg etwa 300 Meter am Feldrain entlang. Dann verspringt er kurz nach links, hält auf den frei stehenden Hochsitz im Getreidefeld zu und nähert sich ab da wieder der Geländekante. Nun sind es nur mehr wenige Meter bis zum Aussichtspunkt „**Uhlenhorst**" (Pavillon, Ruhebank, 45 Minuten ab Maria Ruh).

Direkt am Geländer entdeckt man einen schmalen Pfad, der in Serpentinen hinabsteigt zu dem Treppenweg, der Biebernheim mit St. Goar verbindet. Im Abstieg über die Stufen geht es in dem engen Canyon des **Lohbaches** an mehreren Kaskaden vorbei hinab zum „Wunschwasserplatz", wo eine Tafel verrät, wie Wünsche wahr werden: Man muss sie nur auf eine der Schiefertafeln schreiben, dann vom Wasser abwaschen und in die Welt hinaustragen lassen. Nun ist man fast am Endpunkt der Tour angelangt. Die letzten Stufen führen unter der Bahnlinie hindurch zum Bahnhof und zur evangelischen Kirche mitten in **St. Goar** (15 Minuten ab Aussichtspunkt Uhlenhorst).

Der Ort geht zurück auf eine Klause, die der Heilige Goar Mitte des 6. Jahrhunderts an der Mündung des Lohbaches errichtet hatte. Die einstige Residenz der Grafen von Katzenelnbogen, später der Landgrafen von Hessen, beherbergt ein bedeutendes Chorherrenstift. Die Kirche, seit der Reformation 1527 evangelische Pfarrkirche, geht mit ihrem ältesten Teil, der weiträumigen dreischiffigen Krypta (der schönsten am Rhein zwischen Köln und Speyer), auf das 11. Jahrhundert zurück.

Über der Stadt wacht die Burg Rheinfels, ab 1245 von Graf Diether V. von Katzenelnbogen errichtet. Die hessischen Landgrafen, denen die Burg im 15. Jahrhundert zufiel, bauten die Rheinfels zu einem prunkvollen Renaissanceschloss um und erweiterten sie zu einer der stärksten Festungen Deutschlands. Der Besucher, der die Rheinfels heute besichtigt, wird beeindruckt von der Ausdehnung der Anlage und dem Gewirr an Kasematten und Minengängen, die noch immer begehbar sind. Heute beheimatet die Burg das Heimatmuseum sowie ein Hotel-Restaurant.

St. Goar (vorn) und St. Goarshausen (am anderen Rheinufer)

Hessische Bergstraße
Im Frühlingsgarten Deutschlands

Klein ist fein. Sagt man. Und sieht man. Zum Beispiel in dem Anbaugebiet, das bis 1990 das kleinste in Westdeutschland war: die Hessische Bergstraße. Mit gerade einmal 436 Hektar bestockter Rebfläche rangiert sie heute an 12. Stelle im Konzert der 13 deutschen Anbaugebiete. Hinter der Bergstraße liegen nur noch die Elbtalwingerte in Sachsen (410 Hektar). Die Bergstraße ist zwar alt, das formelle Anbaugebiet aber jung. Als Baden während der Beratungen zum neuen deutschen Weingesetz 1971 den innerhalb seiner Landesgrenzen liegenden Teil der Bergstraße für sich beanspruchte und der Rheingau wiederum die übrige nördliche Hälfte nicht haben wollte, entstand das damals kleinste deutsche Weinbaugebiet.

„Hier fängt Deutschland an, Italien zu werden", rief entzückt Kaiser Joseph II. aus, als er auf der Rückreise von Frankfurt an der Bergstraße Halt machte. Und wirklich: An den Hängen des Odenwaldes beginnt der Frühling früher. Während man andernorts noch fröstelt, fangen hier die Mandelbäume schon an zu blühen, nur kurz gefolgt von Forsythien, Kirschen, Aprikosen und Magnolien. Wie ein Flickenteppich verbreiten sich die bunten Blüten dann über die Hänge und in den Ebenen unterhalb des Odenwaldes.

Die klimatischen Vorzüge der Region müssen schon die Römer gekannt haben. Sie legten die „strata montana", die Bergstraße, an und bauten prächtige Villen. Sie waren jedoch längst nicht die ersten, die sich an den Hängen über der Rheinebene wohl fühlten; ist doch der „homo heidelbergiensis", eines der ältesten menschlichen Skelette, nur wenige Kilometer südlich von hier entdeckt worden.

Erste schriftliche Belege lassen sich im Kloster Lorsch finden, das 764 n.Chr. gegründet wurde und mit seinen Urkunden (meist über Schenkungen) ungezählten Orten von der Schweiz bis zu den Niederlanden erste Erwähnungen aus ihrer Frühgeschichte beschert hat. Die „Königshalle" des Klosters aus karolingischer Zeit ist heute Unesco-Weltkulturerbe. Nicht ganz so weit zurück reicht die Geschichte der kleinen Ortschaften zu Füßen des Odenwaldes. In ihnen sind bis heute viele Fachwerk-Ensembles erhalten geblieben. Und wo es sich Großfürsten einst gut gehen ließen, kann man im Staatspark Fürstenlager Auerbach sehen, einer eindrucksvollen Gartenanlage aus dem Rokoko.

Dank der steilen Hänge und der vielen Nebentäler, der Wiesen und der Wälder bietet die Bergstraße einen lebendigen Wechsel von Kultur- und Naturlandschaft. Das tut dem Auge wohl und der Umwelt gut. Monokultur ist hier ein Fremdwort, und wer genau hinsieht, entdeckt immer wieder ökologische Nischen mit einer ungeheuren Vielzahl von Gräsern und blühenden Kräutern. Das Begrünen vieler Rebzeilen passt in dieses Bild ebenso wie die kleinteiligen Gärten und Obstbaumparzellen, die das Bild der Flur auflockern.

Eine Besonderheit muss noch erwähnt werden: die ungezählten kleinen Weinbergshäuschen. Auf fast jeder Parzelle steht eines der kleinen „Haisje", und nicht wenige der begrünten Weinberge erinnern mit den blumenbekränzten Unterständen an eine kleine Parkanlage. Sie künden von der Lebensart an der strata montana: Nach harter Arbeit in den steilen Weinbergen tut eine Ruhepause immer gut.

Auch kulturell hat die Region einiges zu bieten. Die Heppenheimer Festspiele im Alten Amtshof und das Sommertheater im Auerbacher Schloss, vor allem aber die weinkulturellen Veranstaltungen: Der Bergsträßer Weinfrühling um den 1. Mai herum, der Bergsträßer Weinmarkt Ende Juli / Anfang August in der Heppenheimer Altstadt und das Bergsträßer Winzerfest mit Festzug am ersten Septemberwochenende in Bensheim. Kurz darauf fließt auch in Groß-Umstadt beim Odenwälder Winzerfest Mitte September mit Großer Weinprobe und fröhlichem Umzug der Wein in gut gefüllte Gläser. Dann rückt die Weinlese wieder näher. Sie ist – neben dem Frühjahr – die schönste Zeit an der Bergstraße. Wenn die Winzer den Lohn ihrer Arbeit ernten können und die Gäste ihnen dabei gerne helfen, gesunde Trauben heimzufahren, damit der Wein wieder gut gerät.

Das Anbaugebiet

Geographische Lage: Der weitaus größte Teil der Rebfläche erstreckt sich am Westrand des Odenwaldes zwischen Zwingenberg und Heppenheim; etwa 30 Kilometer weiter nordöstlich liegt unweit des Mains die „Weininsel" bei Groß-Umstadt.

Klima: Die Hessische Bergstraße ist eine der wärmsten und am besten vor kalten Ostwinden geschützte Landschaften Deutschlands. Die Jahresdurchschnittstemperatur entlang der Rheinebene beträgt 10 Grad, die Sonne scheint 1600 Stunden lang, an Niederschlag fallen 720 mm pro Jahr. Die Weinberge bei Groß-Umstadt können nicht in gleichem Maße von den klimatischen Vorzügen profitieren.

Bestockte Rebfläche: 450 Hektar (0,4 Prozent der deutschen Weinbaufläche), davon 80 Prozent flache Lagen, 13 Prozent Hanglagen, 7 Prozent Steillagen.

Lagen: 2 Bereiche, 3 Großlagen, 22 Einzellagen.

Rebsorten weiß: Riesling (51 %), Müller-Thurgau (9 %), Ruländer (8 %), Silvaner (5 %), Sonstige (17 %), Gesamt: 90 %.

Rebsorten rot: Blauer Spätburgunder (8 %), Sonstige (2 %), Gesamt: 10 %.

Betriebsstruktur: 703 gemeldete Betriebe, 75 Vollerwerbler, 1 Staatsdomäne, 2 Genossenschaften.

Erntemenge: im Zehn-Jahres-Durchschnitt 76 hl/ha.

Weinbauverband Hessische Bergstraße
Kettelerstraße 29
64646 Heppenheim
Telefon: 0 62 52 / 7 56 54
Fax: 0 62 52 / 78 82 56
info@bergstraesser-wein.de
www.bergstraesser-wein.de

HESSISCHE BERGSTRASSE

Die Freizeit-Region

Touristische Routen: Ferienstraße Bergstraße (67 Kilometer entlang der B 3 von Darmstadt über Heppenheim und Heidelberg bis Wiesloch), Nibelungenstraße (152 km von Worms entlang der B 47 durch den Odenwald nach Würzburg), mehrere regional beschilderte Radrundrouten, Weinlagenwanderweg WLW (28 Kilometer von Alsbach bis Heppenheim, Markierung „weißer Römer auf grünem Grund"), Blütenweg (87,5 km langer Wanderweg von Darmstadt-Eberstadt nach Wiesloch durch die Weinberge).

Sehenswert: Zwingenberg (mittelalterliche Fachwerk-Romantik), Bensheim (Auerbacher Schloss, Staatspark Fürstenlager Auerbach), Heppenheim (St.-Peters-Kirche, historischer Stadtkern mit sehenswerten Fachwerk-Ensembles, Starkenburg), Burg Frankenstein (bei Seeheim).

Museen: Bensheim (Staatspark Fürstenlager), Heppenheim (Museum für Stadtgeschichte), Zwingenberg (Heimatmuseum).

Aussichtspunkte: Kirschberghäuschen, Bismarckturm (Bensheim), Starkenburg (Heppenheim), Veste Otzberg (Otzberg bei Groß-Umstadt), Melibokus (oberhalb Zwingenberg, nur zu Fuß zu erreichen).

Top-Tipp: Unesco-Weltnaturerbe Grube Messel, Fundstelle einmaliger fossiler Lebewesen; Unesco-Weltkulturerbe Kloster Lorsch, ehemaliges Reichskloster mit Königshalle.

Tourismus Service Bergstraße
Großer Markt 9
64646 Heppenheim/Bergstraße
Telefon: 0 62 52 / 13 11 70
Fax: 0 62 52 / 13 11 73
info@diebergstrasse.de
www.diebergstrasse.de

30 | Bergsträßer **Weinlagenweg**

„Wir fahren im Frühling die Bergstraß' entlang" heißt die musikalische Liebeserklärung, mit der die Chöre ihrer Heimat huldigen. Das Herz des Wein-Anbaugebietes schlägt in Heppenheim, der romantischen Kreis-, Wein- und Festspielstadt. Sehenswert sind die historische Altstadt, der „Dom" der Bergstraße und die Starkenburg. Zwingenberg am Fuß des Melibokus ist die älteste Stadt der Region, die zugehörige Urkunde datiert auf das Jahr 1274. In den winkeligen Gassen und steilen Treppen der historischen Altstadt wird Vergangenheit lebendig. Die größte Stadt im Kreis ist Bensheim. Alte Adelshöfe und Fachwerkhäuser, das Auerbacher Schloss und das Fürstenlager sind bekannte Ausflugsziele. Hier wie andernorts an der Bergstraße lohnt ein Besuch übrigens auch, wenn kein Frühjahr ist, denn der Wein hat das ganze Jahr Saison.

Die Bergsträßer Winzer haben in der Wingertsgemarkung ihren Weinlagenwanderweg (WLW) vorbildlich beschildert. Der abwechslungsreiche Weg folgt vornehmlich dem romantischen „Blütenweg". Überall dort, wo der Weinweg in eine neue Wingertsgemarkung übergeht, informieren große Tafeln über die Herkunft der Lagennamen, deren Rebfläche, die Böden und die Charakteristika der Weine, die hier wachsen.

Startpunkt: Alsbach / Zwingenberg oder Heppenheim
Markierung: Weißer Riesling-Römer auf grünem Grund mit WLW
Länge: 28 (20) Kilometer, Streckenweg, etwa 3/4 befestigt
Gesamtdauer: 8 (6) Stunden

Informationen: Weinbauverband Hessische Bergstraße
Kettelerstraße 29
64646 Heppenheim / Bergstraße
Telefon: 0 62 52 / 7 56 54, Fax: 0 62 52 / 78 82 56
info@bergstraesser-wein.de
www.bergstraesser-wein.de

→ **Weinfest Zwingenberg am Pfingstwochenende,**
Bergsträßer Weinmarkt in Heppenheim in der 1. Juli-Woche,
Bergsträßer Winzerfest in Bensheim (neun Tage vom
1. Septemberwochenende an) mit großem Festumzug

HESSISCHE BERGSTRASSE

Wo Deutschland anfängt, Italien zu werden

Alljährlich am 1. Mai veranstalten die heimischen Jungwinzer die „Bergsträßer Weinlagenwanderung". Auf 20 Kilometern Strecke zwischen Zwingenberg und Heppenheim präsentieren sie an acht Ständen in der Gemarkung das Beste, was ihre Keller zu bieten haben. Wanderer können die gesamte Strecke leicht an einem Tag schaffen und haben sogar noch Zeit, sich Zwingenberg, Bensheim oder Heppenheim anzuschauen. Zurück geht es dann mit Zug oder Bus. Wer besonders gut zu Fuß ist, kann dem Weinlagenweg bereits ab Alsbach folgen (+ 3 km / + 45 min) und hinter Heppenheim eine Schleife zur hessisch-badischen Landesgrenze anhängen (+ 5 km / + 75 min). Nachfolgend ist nur der Teil zwischen Zwingenberg und Heppenheim beschrieben.

Günstiger Startpunkt ist der große Parkplatz der **Melibokushalle** in **Zwingenberg**. Neben der Alten Hofapotheke am Marktplatz führt ein Treppenweg hinauf zur evangelischen Bergkirche (erbaut 1258 durch Dieter V. Graf von Katzenelnbogen). Nun kurz eben hinüber zum Torbogen am „Aul", einem Eckturm in der Stadtmauer. Durch das Tor hindurch und auf einem Betonweg an der Naturlehrtafel sowie der **„Morgenruh"** (ehemaliger Steinbruch, Grillhütte) vorbei in Serpentinen steil hinauf. Wo der Weg aus dem Wald austritt und in die Weinberge führt, erklärt das Schild „Klima", warum die Bergstraße als „Toskana Deutschlands" gepriesen wird.

Es lohnt, hier kurz innezuhalten und in die Rheinebene hinabzuschauen. Das Auge schweift weit über den Rheingraben hinweg zum Ballungsraum Mannheim-Ludwigshafen (links) und zu den Atom-

HESSISCHE

Bergsträßer Weinwanderung

meilern von Biblis (geradeaus). Dahinter erheben sich das rheinhessische Hügelland und der Pfälzer Wald, am Horizont sind sogar die Vogesen zu erahnen.

Nun weiter im Zick-Zack hinauf zum großen Weinlagenschild, auf dem die beiden Bereiche der Hessischen Bergstraße („Starkenburg" und „Groß-Umstadt") sowie die jeweils zugehörigen Lagen vorgestellt werden. Wenige Meter weiter oben gibt das nächste Schild Erläuterungen zur Betriebswirtschaft (Ruhebank). „Der Winzer ist nicht dumm, geht 17 mal um jeden Stock herum" sagt ein Sprichwort. Hierfür muss er in Hang- und Steillagen bis zu 1200 Arbeitsstunden pro Hektar aufwenden, auf ebenen Parzellen kommt er mitunter schon mit 500 Arbeitsstunden aus. Nur dem Fleiß und dem Idealismus der Winzer ist es also zu verdanken, dass die steilen Weinberge weiterhin bewirtschaftet werden und nicht brach fallen.

Das nächste Schild erklärt den Sinn der Begrünung der Rebgassen, die an der Bergstraße fast flächendeckend zu sehen ist. Mit ihrer Hilfe versuchen die Winzer, einen gleichmäßigen Wuchs der Reben zu erzielen. Weil die Gräser und Kräuter auch Insekten anlocken, die

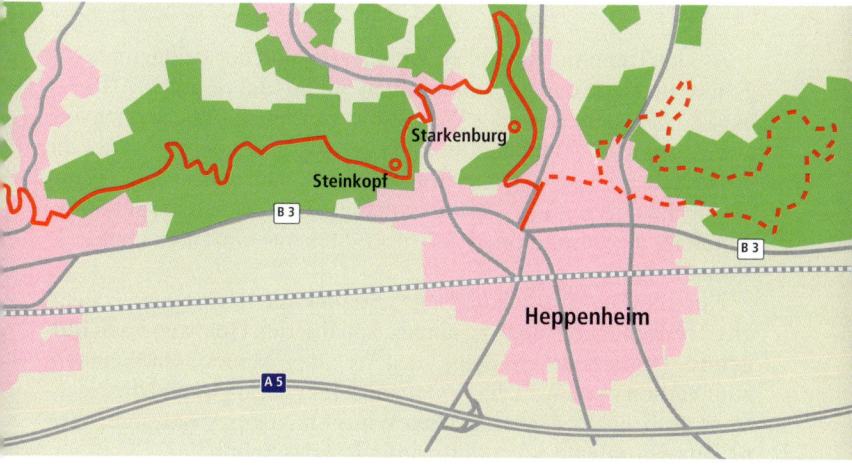

wiederum Rebschädlinge in Schach halten, ist die Begrünung auch eine umweltbewusste Maßnahme zur Verringerung von Spitzmittel-Austrag im Weinberg. Nach der nächsten Weinlagenweg-Übersichtstafel gelangt man zu einer offenen Schutzhütte (Sitzbänke) am **Luciberg** (45 Minuten ab Meliboкусparkplatz).

Nun ist in der Lage „Alte Burg" die erste Steigung überwunden. Ab hier führt der Weinlagenweg leicht bergab am Schild „Pflanzenschutz" vorbei zu einem kleinen Taleinschnitt, in der eine Tafel die Geschichte des Bergsträßer Weinbaus erläutert. Es waren wie andernorts die Römer, welch die ersten Reben pflanzten. Im letzten Drittel des 19. Jahrhunderts setzten die Krankheiten Peronospora und Oidium sowie die wurzelschädigende Reblaus (die aus Amerika eingeschleppt wurde) den Weinbergen so stark zu, dass die Winzer auf Obstbau umstellten. Im strengen Winter 1955/56 (damals fror der Rhein im Rheingau letztmals zu) fielen 90 Prozent der Obstbäume dem Frost zum Opfer. Danach orientierten sich die Landwirte wieder neu und pflanzten reblausresistente Reben an.

Welche das an der Bergstraße sind, ist auf dem nächsten Schild zu lesen: Zu mehr als die Hälfte Riesling, außerdem Silvaner, Müller-Thurgau und Grauer Burgunder sowie die roten Sorten Blauer Spätburgunder, Dunkelfelder und Lemberger.

Nun geht es in einem kleinen Hohlweg ein Stück etwas steiler bergab zum nächsten Schild (Ruhebank), das den Jahresablauf im Weinberg skizziert. Die Arbeiten beginnen im Februar mit dem Rebschnitt (heute meist schon früher), im März werden die Bogreben an den Drahtrahmen gebunden, im Mai die Wildtriebe entfernt, danach steht der Pflanzenschutz im Mittelpunkt. Hier biegt der WLW mit dem „Blütenweg" nach links ab und hält direkt auf die imposante Silhouette des 1674 zerstörten Auerbacher Schlosses zu.

An der Trennlinie zwischen Weinbergen und der Feldgemarkung geht es im Hang entlang zum zweiten Schild „Jahresablauf" (Ruhebank). Nach dem Ende des Wachstums werden die Triebe oben eingekürzt, um die Traubenreife zu begünstigen. Zudem trocknet die ausgedünnte Laubwand nach Regen schneller ab und ist damit weniger für Fäulnis anfällig. Die aufwändigste (aber auch die schönste) Arbeit ist die Lese, wenn der Winzer die Ernte einfahren kann.

Nun führt ein Pfad in der Lage „Steingeröll" über einige gemauerte Treppenstufen hinab zu einem asphaltierten Hohlweg im **Schulgrund**. Dort erklärt ein Schild den Weg des Weines vom Weinberg zum Verbraucher. Weil die Erntemenge hier gering ist und die Nachfrage groß, haben die heimischen Winzer mit dem Absatz ihrer Weine keine Probleme, so erklärt zumindest das Schild.

Weinrast an der Luciberg-Hütte

Kurz vor dem Ende des Hohlweges biegt der Weg nach links auf einen Feldweg in Richtung „Auerbacher Schloss" ab. Am danach folgenden Abzweig geht es geradeaus weiter und auf dem „Höllbergweg" in die gleichnamige Gemarkung hinein. Die „Hölle" hat hier nichts mit dem Teufel zu tun, sondern stammt vom althochdeutschen Wort „helda" für „Hang" ab. So erreicht man schließlich den **Wanderparkplatz Höllberg** (45 Minuten ab Luciberg).

Nun nach rechts und etwa 100 Meter auf der Straße hinab, bis nach links ein Pfad ausschert. Dieser führt zwischen Gärten und der Weinbergsgemarkung direkt in die Villengegend und den Kurbereich des Luftkurortes **Bensheim-Auerbach** hinein. Auf der „Mierendorffstraße" geht es zunächst zur „Martinstraße", die wenig später nach links in die „Schlossstraße" einmündet. Kurz darauf gelangt man zur „Weidgasse" und auf ihr nach links zum Platz „An der Dorfmühle" (30 Minuten ab Wanderparkplatz „Höllberg").

Von hier halblinks auf dem gepflasterten „Kirchweg" ein kurzes Stück steil bergauf und am Bergfriedhof vorbei zurück in die Feldgemarkung. Am nächsten Wegekreuz bleibt man auf dem „Blütenweg" und gelangt in einem lang gezogenen Linksbogen in der Großlage „Auerbacher Rott" (Name leitet sich von „Rodung" her) zu einem Betonweg, dem man nach links aufwärts folgt. Nun ist man schon im **Auerbacher Fürstenlager**. Ihren Namen hat die Lage vom Schlösschen im gleichnamigen Staatspark, der Sommerresidenz der Landgrafen und späteren Großherzöge von Hessen-Darmstadt (erbaut 1790-95). Im leichten Aufstieg langt der Weinlagenweg schließlich an der **Ludwigslinde** oberhalb des Schlossparkes an (30 Minuten ab Platz an „Dorfmühle").

Der stattliche Baum, den einst Graf Ludwig zu Erbach-Schönberg (1792-1863) an dieser herrlichen Aussichtsstelle pflanzte, fiel in der Nacht vom 2. auf den 3. Juni 1999 einem gewaltigen Sturm zum Opfer. Bereits zu Ostern 2000 wurde jedoch eine neue Linde gepflanzt und ein Ruheplatz errichtet. Nun auf dem Geländerücken noch etwa 200 Meter geradeaus weiter, bis der Weg nach rechts abbiegt und im „Herrnwingert" (Alleinbesitz des Staatsweingutes) hinunterführt zum gleichnamigen Wanderparkplatz sowie einem großzügigen Freizeitgelände mit Spielplatz.

Direkt neben der Spielwiese ist ein kurzer Waldschadenspfad beschildert. Der schöne Waldweg bietet Abwechslung, bevor die Bensheimer Renommierlage „Kalkgasse" (ehemalige Kalksteinbrüche) erreicht wird. Nun ist es nicht mehr weit bis zum **Kirchberghäuschen**, dem Aussichtsrestaurant am Hausberg der Bensheimer (30 Minuten ab „Ludwigslinde").

Von hier oben genießt man erneut einen herrlichen Blick auf die weite Rheinebene und die gegenüberliegende Hügelkette von Rheinhessen und Pfälzer Wald, bevor man auf einem Asphaltsträßchen in Serpentinen hinabsteigt auf die „Nibelungenstraße" in **Bensheim**. Wer Zeit hat, sollte einen kleinen Bummel durch die malerische Innenstadt mit ihren vielen Fachwerk-Ensembles einschieben. Die Schilder des Weinlagenweges indes leiten in die „Platanenallee". 100 Meter später geht es scharf nach links in die „Augartenstraße", weitere 100 Meter danach rechts ab in die „Hunsrückstraße". Erneut 100 Meter später schert ein Treppenpfad nach rechts aus. Die Stufen führen hinauf in ein Neubaugebiet und zum Spielplatz am „Fliederweg". Hier auf dem „Blütenweg" weiter geradeaus, zuletzt mit den Markierungen ein kurzes Stück steil nach links aufwärts in den „Bensheimer Streichling". Ab hier leiten viele Treppenstufen auf den „Röderweg" hinunter. Auf diesem geht es zunächst zum „Hinkelstein", dort nach links und entlang der Straße weiter ins **Meerbachtal**. Hier ein kurzes Stück nach rechts und bis zu der Stelle, wo die Vorfahrtstraße nach rechts abknickt (45 Minuten ab Aussichts-Restaurant „Kirchberghäuschen").

Hier biegt man links (Richtung „Heppenheim") auf die „Hemsbergstraße" ein, läuft an der „Wilhelm-Euler-Straße" kurz darauf gleich wieder nach links und gelangt zum „Hahnbergweg". An dessen Ende leitet ein kleines Sträßchen nach halblinks hinauf. Am folgenden Abzweig zum „Hemsbergturm" (Ruhebank, Infotafel „Hemsberg") geht es geradeaus weiter in die gleichnamige Lage hinein. Nun in einem langen Bogen nach links bis zu einem Marien-Bild-

Infotafel an der Treppe im „Steingeröll"

stock mit schlichtem Feldkreuz (Unterstand, Ruhebänke). Hier im „Bensheimer Wolfsmagen" (von keltisch „magos" = „Feld") verspringt der Weg kurz nach rechts zum Rheintal hin und führt dann wieder nach links in voriger Richtung in den „Bensheimer Paulus" hinein (lateinisch „palus" = „Pfahl").

Wenig später weisen die Markierungen im Weinberg nach rechts hinab auf den nächsten Querweg und auf diesem nach links zur großen Schautafel **„Römervilla"** (Ruhebank). Sie verrät, dass 100 Meter von dieser Stelle entfernt einst eine großzügige Villa stand. Hier biegt der Weinlagenweg nach links ab und steigt nun in mehreren Kurven steil hinauf zum „Heppenheimer Stemmler" (vorher „stenbühel" = „Steinhügel"). Hat man den Scheitelpunkt des Weges im Hang erreicht, zieht die Route in stetem Auf und Ab zum „Heppenheimer Centgericht" (benannt nach der ehemaligen Gerichtsstätte). 1927 wurde hier der Hessische Rebmuttergarten angelegt, um reblausresistente Unterlagsreben zu erzeugen. Heute residiert in dem schmucken Gutshaus das Staatsweingut Bergstraße, eine Domäne der Hessischen Staatsweingüter im Rheingau. So erreicht man schließlich das 1909 errichtete **Steinkopf-Türmchen** in der gleichnamigen Parzelle, der steilsten und zugleich wärmsten Lage an der Bergstraße (Ruhebank, 60 Minuten ab Bensheim).

Nach dem Turm schert der Weg nach halbrechts aus und führt hinunter zu der Häuserzeile im engen **Hambacher Tal**. Wer hier abkürzen will, gelangt in etwa 15 Minuten in den Ortskern von Heppenheim. Es lohnt sich jedoch, die nächste Schleife des Weges noch mitzunehmen, überrascht sie doch mit dem anerkannt schönsten Blick auf den historischen Ortskern. Um ihn zu genießen, biegt man im Hambachtal nach links ab und läuft bis zum Abzweig „Schloßberghalle". Dort nach rechts in den „Burgweg" hinein und „Am Schafhaus" nach links aufwärts zum Sportplatz. Danach steilt der Weg noch ein bisschen stärker auf und steigt zuletzt in einem Hohlweg hinauf zum Wanderparkplatz **Starkenburg** (30 Minuten ab Steinkopf-Türmchen).

Die einstige Wehrburg beheimatet heute eine Jugendherberge; der Aussichtsturm ist für Besucher geöffnet. Die Weinlagentafel am Parkplatz zeigt die letzten Kilometer der Route. Die Wegweiser leiten nach links in den „Heppenheimer Schlossberg" hinein. Zunächst geht es auf dem flachen Geländerücken etwa einen halben Kilometer geradeaus, bis der Weg aus dem Wald heraustritt. Hier knickt er scharf nach rechts ab und führt ein Stück steil bergab zum nächsten Querweg. Auf diesen mündet die Route nach rechts ein und führt nun rund um den Hang herum, auf dem die Starkenburg thront. Unterwegs eröffnen sich immer wieder herrliche Blicke auf die Fachwerk-Altstadt, aus der die St.-Peters-Kirche – obwohl nie Bischofssitz – fast wie ein Dom herausragt. Mehrere Ruhebänke laden zur Rast, bevor der „Drosselbergweg" (so sein Name) auf die Straße zur Starkenburg stößt. Nun hat man es geschafft, die Altstadt von **Heppenheim** liegt nicht einmal fünf Minuten entfernt (45 Minuten ab Wanderplatz Starkenburg).

Wer auch noch die übrigen Heppenheimer Weinlagen (Maiberg, Eckweg und Guldenzoll) kennen lernen will, läuft in einer langen Schleife wieder aus der Stadt heraus und gelangt dabei in die Nähe der Landesgrenze, wo Hessen und Baden-Württemberg aneinanderstoßen (fünf Kilometer länger, 75 Minuten mehr).

31 | Weinlehrpfad Groß-Umstadt

Nur wenige Weinfreunde wissen, dass sich zwischen den Wäldern, Wiesen und Wasserläufen des Odenwaldes eine kleine Weinregion kuschelt: Die „Odenwälder Weininsel" Groß-Umstadt. Streng genommen liegt Groß-Umstadt nicht im Odenwald, sondern an seinem Rand, aber wer will bei derart viel landschaftlichem Reiz so kleinlich sein? Die Stadt mit ihren acht Ortsteilen (insgesamt rund 22.000 Einwohner) blickt auf eine 1250 Jahre alte Geschichte zurück. Erstmals um 743 als „autmundisstat" erwähnt, gehörte der Ort bis ins 13. Jahrhundert zur Reichsabtei Fulda, später zur Kurpfalz. Mehrere Schlösschen wie das Pfälzer Schloss, das Wambolt'sche Schloss und das Darmstädter Schloss sowie das prächtige Renaissance-Rathaus bezeugen die Bedeutung der Stadt.

Eng verbunden mit der Historie des Ortes ist die noch ältere Geschichte des Weinbaus, wie ein römischer „Traubenstein" belegt. Die größte Ausdehnung skizzieren Dokumente für das 17. Jahrhundert: Damals waren etwa 250 Hektar Rebland bestockt. Die Reblaus und Pilzkrankheiten ließen Ende des 19. Jahrhunderts die Weinbergsfläche auf 40 Hektar schrumpfen, die übrigen Äcker wurden in Obstbaumfelder umgewandelt. Der Wiederaufstieg des Weinbaus begann mit dem Aufbau eines „Lehr- und Versuchsgutes" im Jahr 1927, aktuell sind 57 Hektar bestockt.

Besonders stolz sind die Groß-Umstädter auf den Gruberhof, ihren Museums-Bauernhof (von Ostern bis Oktober sonntags geöffnet). In den Werkstätten der Korbflechter, Schreiner, Schuster, Spengler und Wagner werden Handwerk und Brauchtum lebendig gehalten.

Startpunkt: Farmerhaus
Markierung: Traube auf goldenem Grund
Länge: 2,2 Kilometer, Rundweg, zu 3/4 befestigt
Gesamtdauer: 45 Minuten (+ je 20 Minuten Zu- und Abweg)

Stadtverwaltung, Markt 1, 64823 Groß-Umstadt
Telefon: 0 60 78 / 781-0, Fax: 0 60 78 / 78 12-26
info@gross-umstadt.de, www.gross-umstadt.de

→ **Weinlagenwanderung des Odenwaldclubs Ende Mai / Anfang Juni, Winzerfest mit Festumzug am Wochenende nach 15. September.**

Weinweg zwischen Wald und Wiesen

Die Wingerte in den Lagen „Herrnberg" (23 ha), „Steingerück" (15 ha), „Stachelberg" (17 ha), „Roßberg" (2 ha) und „Wingertsberg" (0,15 ha) werden weingesetzlich im Bereich „Umstadt" zusammengefasst und sind der Hessischen Bergstraße zugeordnet (25 Kilometer weiter westlich, die fränkischen Weinberge in Großostheim liegen nur knapp zwölf Kilometer entfernt). Die wichtigsten Rebsorten sind Riesling (38 %), Müller-Thurgau (30 %), Silvaner (11 %) und Kerner (8 %).

Im „Herrnberg" haben die Groß-Umstädter 1997 einen Weinlehrpfad angelegt. Eine der Möglichkeiten, auf den Rundweg einzumünden, ergibt sich beim Farmerhaus. Hierher gelangt man, wenn man vom Altstadtparkplatz an der **Heinrich Klein-Halle** über die „Richer Straße" hinweg zur Straße „Am Steinborn" geht. An deren Ende beginnt ein Hohlweg, der schließlich auf eine Treppe einmündet, die hinaufführt zum „Wasserwerk". Nun auf dem Feldweg geradeaus weiter bergan in der Feldgemarkung direkt auf das **Farmerhaus** zu (20 Minuten ab „Heinrich-Klein-Halle").

Hier weist das Schild „Weinlehrpfad" nach rechts in den **Herrnberg** hinein. Im leichten Aufstieg gelangt man zum ersten Rebsortenschild Kerner. Wer sich beim Weitergehen mal umdreht, blickt

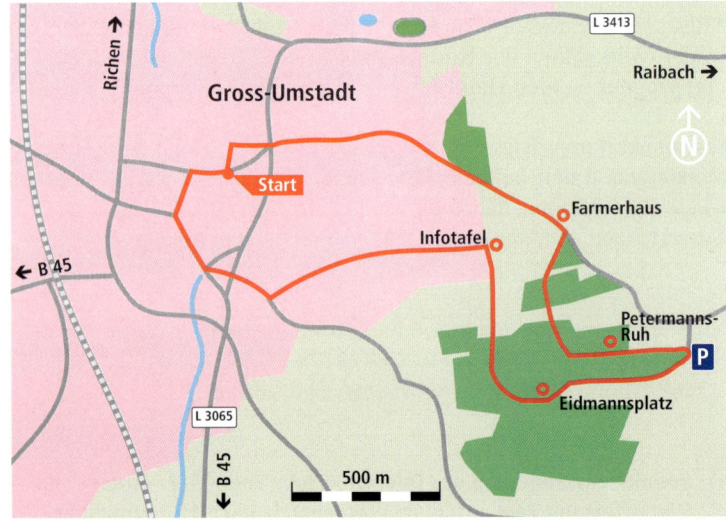

nach Nordwesten weit in die Untermain-Ebene hinein. Bei guter Sicht sind die Hochhäuser von Frankfurt vor der Silhouette des Hochtaunus mit dem Feldberg zu erkennen.

Wenige Meter weiter ist am Aussichtspunkt **Petermanns-Ruh** (Ruhebänke) der Scheitelpunkt des Weges erreicht. Ein Schild informiert über alte, mitunter schon vergessene Weinmaße: Eine Stütze fasst zehn Liter, ein Hekto sind 100 Liter, ein Fuder 1000. In ein Ohmfass passen 160 Liter, ein Viertelstückfass nimmt 300 Liter auf, ein Halbstück- (600 Liter), ein Stück- (1200 Liter) und ein Doppelstückfass (2400 Liter) entsprechend mehr.

Der Vierröhrenbrunnen wird auch „die Biet" genannt.

Beim Weitergehen fallen die vielen unterschiedlichen Gemarkungshäuschen auf, die man auch von der Gegend um Bensheim her kennt. Bis zum nächsten Ensemble mehrerer dieser Häuschen passiert die Route die Schilder „Riesling" und „Portugieser". An der Häuschen-Gruppe stehen drei weitere Tafeln: Eine stellt den Dornfelder vor, die nächste erläutert anhand des Restzuckergehaltes im Wein die Geschmacksabstufungen trocken, halbtrocken und mild, die dritte macht bekannt mit dem Blauen Spätburgunder.

Odenwälder Weininsel

HESSISCHE BERGSTRASSE

Welcher Wein wächst denn hier?

Nun sind es nur noch wenige Meter bis zum Umkehrpunkt des Lehrpfades unterhalb des Naturpark-Parkplatzes. Ein gemaltes Schild zeigt den Qualitätsrebschnitt. Wenige Meter danach geht das Asphaltsträßchen in einen Feldweg über. Auf einem zweiten gemalten Bild ist ein Rebstock in drei Vegetationsphasen dargestellt. Im leichten Abstieg passiert die Route weitere Sortenschilder: „Müller-Thurgau", „Chardonnay" und „Weißer Burgunder".

Der Feldweg geht nun in einen gepflasterten Weg über und mündet auf einen Querweg ein, dem man kurz nach rechts zum **Eidmannsplatz** (Ruhebank) folgt. Von hier reicht der Blick nach Osten über den Obstbaumgürtel hinweg auf den hügeligen Buntsandstein-Odenwald. Unweit entfernt stellt ein Schild die Sorte Bacchus vor. Nun ist es nicht mehr weit bis zur großen Infotafel am Ende des Lehrpfades am Parkplatz des Restaurants „La Viletta" (45 Minuten ab Farmerhaus).

Vom Parkplatz aus gelangt man auf der „Zimmerstraße" in den historischen Ortskern von Groß-Umstadt hinab (1,5 Kilometer, 20 Minuten).

Renaissance-Rathaus

"Ratsstube"

Register

REGISTER